宝鼎之光

中华文明
一本通系列
ZHONG HUA WEN MING YI BEN TONG

春秋战国文明一本通

CHUN QIU ZHAN GUO WEN MING

YI BEN TONG

姜 越 ◎ 主编

中国书店

图书在版编目（CIP）数据

宝鼎之光：春秋战国文明一本通 / 姜越主编. —
北京：中国书店，2020.9（2022.1 重印）
ISBN 978-7-5149-2384-1

Ⅰ.①宝… Ⅱ.①姜… Ⅲ.①中国历史—春秋战国时
代—通俗读物 Ⅳ.① K225.09

中国版本图书馆 CIP 数据核字（2021）第 070110 号

宝鼎之光：春秋战国文明一本通

姜 越 主编

责任编辑 李金涛

出版发行：中国书店

地　　址：北京市西城区琉璃厂东街 115 号

邮　　编：100050

电　　话：(010)63017857(发行)

邮　　箱：zgsdcbs@126.com

印　　刷：北京洲际印刷有限责任公司

开　　本：710mm×1000mm　1/16

版　　次：2020 年 9 月第 1 版　2022 年 1 月第 2 次印刷

印　　张：15

字　　数：175 千字

印　　数：1—10000

书　　号：ISBN 978-7-5149-2384-1

定　　价：58.00 元

西周时期，周天子保持着天下共主的威权。平王东迁以后，东周开始，周室开始衰微，只保有天子的名义，而无实际的控制能力。中原各国也因社会经济条件不同，出现了大国间争夺霸主以至混战的局面，各国的兼并与争霸促成了各个地区的统一。因此，东周时期的社会动荡，为全国性的统一准备了条件。

春秋时期，周王的势力减弱，诸侯群雄纷争，齐桓公、晋文公、宋襄公、秦穆公、楚庄王相继称霸，史称春秋五霸。春秋因鲁国史书《春秋》而得名。

从公元前 475 年到公元前 221 年秦始皇统一六国，是我国历史上的战国时期。这个时期，以秦、齐、楚、魏、赵、韩、燕七个大国为代表的诸侯国各自割据一方，混战不休，故被后世称为战国。

春秋战国是中国古代历史上的重要时期，也是中国传统文化的全面发展时期。在中国几千年的历史中，春秋战国时代的文化发展甚为耀眼。诸侯争霸、各自为政的政治环境造就了中国文化自由发展的时代，产生了各种思想流派，如儒、法、道、墨等，又群星灿烂，大家辈出，诸如老子、孔子、墨子、孟子、孙子、荀子等。他们著书讲学，互相论战，出现了学术上的繁荣景象，后世称之为"百家争鸣"。

春秋战国时代，生产力的发展带动了经济和生产技术的发展。有许多生产技术和生产经验被总结，并上升至理论，结集成学术性的著作。

在这一时期，基于新型社会经济关系的新型社会生活，也逐步形成。在以血缘关系为纽带的土地国有制废墟上建立起来的以土地私有制为基础、以小农经济为特色的经济形式，成为中国以后两千多年社会经济运行的基本形式。

总之，春秋战国时代，从政治、经济、文化和社会等诸多方面全面奠定了中国古代社会发展的基础。可以这样说，欲了解中国五千年的文化，就必须首先了解春秋战国动荡纷乱、异彩纷呈的社会生活。这也是我们编写此书的主要目的。

全书共分九章，具体内容包括：春秋战国农业文明、百家争鸣局面的形成、诸子人物及其著作、政治变革、商业、交通、文学等。

目 录

第一章 铁器牛耕——中华农业文明新时代

文明新纪元：冶铁的兴起 …………………………………… 002

铁农具开启新文明征途 …………………………………… 005

农业技术进步的标志：牛耕 …………………………………… 007

战国的农田新技术：粪肥 …………………………………… 010

造福后世的水利工程 …………………………………… 013

中华文明的瑰宝：都江堰 …………………………………… 016

扩展阅读 都江堰水文化 …………………………………… 018

第二章 百家争鸣——中华文明的"轴心时代"

"百家争鸣"之战士：士阶层 …………………………………… 020

"百家争鸣"的基地：稷下学宫 …………………………………… 024

儒家创始人孔子的思想 …………………………………… 028

儒学大师：荀子 …………………………………… 030

老子开启玄妙之道 …………………………………… 034

庄子：逍遥游 …………………………………… 038

墨子与"兼爱"天下 …………………………………… 041

百家中的阴阳五行派 …………………………………… 043

纵横捭阖的"纵横家" …………………………………… 046

兼收并蓄，杂合百家 ·· 049

扩展阅读 列子射箭 ·· 052

第三章 变法建制——春秋战国的政治变革

春秋战国时期的变革家 ·· 056

变法先驱李悝与《法经》 ·· 060

华夏文明的大变革：商鞅变法 ·· 063

法家思想的集大成者：韩非子 ·· 067

燕昭王招贤励志图强 ·· 070

扩展阅读 五张羊皮换相国 ·· 074

第四章 天时携地利——春秋战国的商业文明

商业发展新契机 ·· 078

国际贸易"大贾"：管仲 ·· 081

一代儒商：子贡 ·· 085

承前启后的郑国商业 ·· 089

商圣范蠡的商业智谋 ·· 092

商业祖师：白圭 ·· 097

扩展阅读 大冶铁主郭纵 ·· 101

第五章 车马如龙——春秋战国的水陆交通网

春秋争霸与交通的发展 ·· 104

楚国霸业与交通 ·· 105

战国时期的交通工具 ·· 109

春秋战国的邮驿 ·············· 112

春秋战国的旅馆与传舍 ·············· 115

扩展阅读 泛舟之役 ·············· 118

第六章 争奇斗艳——春秋战国的文学成就

中华文明的文化基因:《诗经》 ·············· 122

中华文明的阶梯:《楚辞》 ·············· 125

史学典籍:《左传》 ·············· 127

《礼记·乐记》中的礼乐文明 ·············· 131

科技文明的标志:《考工记》 ·············· 134

"战略思想"的鼻祖:《孙子兵法》 ·············· 138

著名军事著作:《尉缭子》 ·············· 143

赋诗与外交文化 ·············· 146

扩展阅读 屈原 ·············· 149

第七章 流光溢彩——打开后世艺术之大门

中国画的起源:帛画 ·············· 152

春秋战国时的民间音乐 ·············· 154

春秋战国的乐舞文化 ·············· 157

"心平德和"的音乐教育 ·············· 160

突飞猛进的漆器艺术与漆画 ·············· 164

春秋战国的铜器画 ·············· 168

先秦陶器的魅力 ·············· 170

扩展阅读 石鼓文对书坛的影响 ·············· 175

第八章 铁戈兵马——春秋战国的军事文化

探寻古文明的遗迹：车马 …………………………… 178

春秋战国时期的战车与兵甲 …………………………… 181

交战礼仪渐趋成熟 …………………………… 186

春秋战国的辎重部队 …………………………… 189

春秋战国的战车列阵 …………………………… 193

胡服骑射：骑兵的引入 …………………………… 197

攻城器械与守城器械 …………………………… 200

战国时期各兵种协同作战 …………………………… 202

扩展阅读 车阵厮杀 …………………………… 204

第九章 梦回故朝——春秋战国文明的遗物

春秋战国时期的铜禁 …………………………… 208

祭祀时用具：俎 …………………………… 209

精美绝伦的楚式漆案、漆几 …………………………… 211

独具特色的楚式小屏风 …………………………… 215

巧夺天工的青铜器 …………………………… 217

春秋战国精美玉制品 …………………………… 221

战国文字遗物：古玺 …………………………… 223

战国时期的笛与篪 …………………………… 226

延伸阅读 战国时期的折叠床 …………………………… 229

第一章

铁器牛耕

——中华农业文明新时代

　　春秋战国时期，人们开始普遍使用铁器和牛耕技术。新的技术推动了生产力的发展，产生了新兴的地主阶级，封建生产关系开始形成。在此基础上，各国纷纷变法，其中商鞅变法在秦国取得了成功，为秦统一六国打下了坚实的基础。

文明新纪元：冶铁的兴起

　　春秋战国时代，铁的使用已逐渐普遍。先秦文献中有很多关于铁的记载。秦襄公时代的《诗经·秦风·驷驖》中有"驷驖孔阜"之句，驖，意思是颜色黑如铁的马。四匹肥壮的骏马用铁的颜色来形容，这说明铁在当时已成为常见的物品。在河南三门峡虢国贵族墓中，就曾出土过西周晚期的铜柄铁剑。春秋时期，已出现了铸铁。《国语·齐语》记载，管仲改革中有用甲兵赎罪的措施："美金以铸剑、戟，试诸狗马；恶金以铸鉏（锄）、夷、斤、劚（大锄），试诸壤土。"其中，美金指的是青铜，恶金就是指的铁。这说明，在春秋早期，齐国就已经用"恶金"——铁来铸造生产工具了。铸造于齐灵公时期（前581—前554在位）的叔夷钟铭文中，有"陶铁徒四千"的记载。这说明，齐国在那时就已经有了开采铁矿冶铁的工匠，冶铁的规模已经相当可观了。到春秋晚期，许多诸侯国已能用铁铸造大型的刑鼎。《左传·昭公二十九年》记载，公元前513年，晋国用铁铸造刑鼎，把范宣子所作的刑书铸在铁鼎上。铸鼎用的铁是作为军赋向民间征收的，这说明当时的晋国铸造铁器的技术已很高，民间已有很多的铁。

　　为了在冶铁时提高炉温，冶铁炉很早就安装有鼓风设备。《吴越春秋·阖闾内传》中记载，南方的吴国"使童男童女三百人鼓橐装炭，金铁刀濡。

遂以成剑"；《墨子·备穴》中也提到"灶用四橐"。可见，当时冶铁炉用的鼓风设备已有很多。使用的鼓风器越多，风力越大，越有助于提高冶铁炉温度，冶铁炉的容量增大，熔化冶炼铸造的铁器也就增多。由于冶铁技术的进步，到春秋末叶，铁制工具的使用就很普遍了。如《管子·海王》中说，齐国"一女必有一针一刀"，"耕者必有一耒一耜一铫"。春秋晚期，不仅冶铁技术取得了显著的进步，而且还出现了炼钢技术，如《吴越春秋·阖闾内传》中就记载了干将、莫邪铸造钢剑的传说。1976 年，长沙杨家山六十五号墓出土了春秋晚期的一把钢剑。战国时期，尤其是战国中期以后，铁器已成为农业、手工业中的主要生产工具。战国晚期，铁兵器已成为重要的作战武器，钢也日益广泛使用。当时文献中记载的铁兵器有铁剑、铁椎、铁䥨（矛）、铁甲、铁杖、铁钩钜、铁殳、铁铦等。当时的宛（今河南南阳）地，冶铁业发达，生产的铁兵器闻名遐迩。

战国时代铁矿的开采已遍布各地。中华人民共和国成立以来，在北起辽东，南至广东，东起山东半岛，西至陕西、四川的广大地区，都有战国时期的铁器出土，种类、数量相比春秋时代均大大增加。冶铁遗址的发现和出土铁器不仅遍及战国时代的韩、赵、魏、齐、楚、燕、秦等国故地，而且在边疆地区也有铁器出土，这说明当时我的边疆地区也使用了铁器。出土的农具主要有镰、锸、锄、铲、耙、犁，手工业工具主要有斧、锛、凿、钻、锤、削、锥、针及铁范，兵器有剑、戟、矛、匕首、刀、杖、镞、弩机、胄等，其他用具有鼎、釜、盘、权、颈锁、脚镣、车具、带钩、环、管、钉等。这些用具涉及人们生产生活的方方面面。

1964 年至 1975 年间，于河南新郑县郑、韩故城东城内西南部（仓城村南）发现的战国时代的铸铁作坊，面积达四万平方米。出土残炉一座、烘范窑一座和一批陶范及铁器。从出土的陶范可以看出，这里出产的铁器有镢、锄、镰、铲、锛、凿、削、刀、剑、戟、箭杆和带钩等十余种。1974 年，在广西平乐县银山岭战国墓出土的 181 件铁器中，170 件以上为生产工具。同时，从这些考古发现来看，战国时代南北各地，在铁制农具的种类和形制上已经没有多少差别。

总之，春秋战国时代，冶铁业的兴起和冶铁技术的进步，使铁制生产工具逐渐普遍地应用于农业、手工业方面，有力地促进了农业、手工业和社会经济的发展。铁制兵器的使用也更加广泛。

知识链接

铁器时代

铁器时代是人类发展史中一个极为重要的时代。人们最早知道的铁是陨石中的铁，古代埃及人称之为神物。人们曾用这种天然铁制作过刀刃和饰物，这是人类使用铁的最早情况。地球上的天然铁是少见的，铁的冶炼和铁器的制造经历了一个很长的时期。当人们在冶炼青铜的基础上逐渐掌握了冶炼铁的技术之后，铁器时代就到来了。

铁农具开启新文明征途

由前述可知，春秋时代已有冶铸生铁的技术，如《左传·昭公二十九年》记载，晋国自民间征收"一鼓铁，以铸刑鼎"。铁制农具也开始使用。考古发掘资料表明，铁制工具在春秋晚期和战国初期已有使用，地域包括中原地区和长江流域。到了战国以后，全国大部分地区均已使用铁器，并且铁农具逐渐取代木石农具，成为主要的农具。

根据考古发现和文献记载，春秋战国时代铁农具大致可分三类。

1. 耕垦农具

①犁

犁铧是由耒耜演变而成的，经过木石犁的发展阶段，金属犁在江浙地区和中原地区首先开始使用。至今出土最早的铁犁是战国时代的，在河南辉县固围村、河北易县燕下都、河北武安县赵城等遗址均有发现。

春秋战国时代，由于牛耕的推广，铁犁铧取代了青铜犁铧。出土的犁铧冠多数呈 V 字形，宽度在 20 厘米以上，比商代铜犁大得多，套在犁铧前头使用，以便磨损后更换。

②镬

春秋时镬称劚，是一种横斫式的工具。战国时铁制镬开始取代青铜镬，而且出现了横銎式的铁镘。横銎式的镘是銎口横穿镘体的上部，直接横装木柄，加塞木楔，比直銎式镘紧固牢靠，使用时不易脱落，翻土效果好。

③锸

锸和耜是有所相似的不同农具，它们同为直插式翻土农具，不同之处是耜有踏脚而锸没有。河南辉县的战国遗址出土有"一"字形和"凹"字形的两种锸。锸用于翻土、开沟和作垄。

2. 中耕农具

①锄

锄是用于中耕的小型横斫式农具。春秋战国时代出现了专用于松土锄草的正面六角形铁锄，其锄体两侧斜削，锄草时不易碰伤庄稼。河北、湖南的战国遗址出土有梯形、半圆形锄，而且在河北隆县出土了铁锄范，说明当时锄的数量较大。

西周时称青铜锄为"镈"，春秋战国时，中耕器"镈"分为鉏和耨两类。耨是尺把长的短柄锄，鉏是站立使用的长柄锄。《管子·轻重乙》所载农具"铫"，即是一种大锄。

②铲

铲是用于中耕除草的农具。西周时称为"钱"，使用时双手执柄向前推削除草。战国时，由于铁器的推广利用，铁铲的形制比以前变大。

3. 收获农具

镰是主要的收获农具。早期称"乂""艾""刈"等，后来称镰。战国时，铁镰逐步取代铜镰，河北兴隆有出土战国时的铁镰范，说明铁镰已大规模使用。

此外，战国时代木制工具也有发展，如木制的耰和枷。

《管子·轻重乙》载有"椎"，又叫"櫌"，为木榔头，用于碎土和覆种。《国语·齐语》记载的农具中有"枷"，即链枷，是当时先进的脱粒工具。灌溉工具方面，春秋时已出现了提水工具桔槔，《庄子·天地》《说苑·反质》中所载机具"槔""桥"，即是桔槔。可见，我国传统农业的一套必备工具，从整地、中耕、灌溉到收获，在战国时期就已基本具备了。

 ## 农业技术进步的标志：牛耕

牛耕在我国产生于春秋时期，是人类社会农业技术进步的一个标志，它的推广则应在战国时期。这是因为使用牛耕，必须要与金属的犁铧相配套，从技术上分析，铁犁能承受住牛的拉力，耕牛能拉动铁犁。而我国铁犁的使用，一般来说，是从战国时期开始的。

目前考古发掘的资料，已见有春秋晚期的铜犁铧，但皆出于长江下游地区。铁制犁铧的出现，却限于战国。战国时代的犁铧，目前在河南辉县，河北易县、武安，陕西西安、蓝田，山东藤县、临淄等地已均有发现。其形状呈 V 形，前端尖锐，后端宽阔，锐端有直棱，虽其形体较小而轻且无犁壁，它能将下层耕土翻到地面上，比起用脚踏的耒耜来翻土，其效率自不可同日而语。据研究，这种铁口犁铧的使用，一般都需要畜力做牵引。它们在各地的发现，表明牛耕至少在这些地方所在的中原地区已得到相当程度的推广。

另外，文献也提供了牛耕在战国时代得到推广的证据，如《战国策·赵策》记赵豹对赵王语："秦以牛田，水通粮，其死士皆列之于上地，令严政行，不可与战。"说明牛耕在秦国已得到广泛应用。与之相佐证的是秦法律条文中对耕牛的重视。如《云梦秦简》之秦《厩苑律》称："以四月、七月、十月、正月肤田牛。卒岁，以正月大课之，最，赐田啬夫壶酒束脯，为皂者除一更，赐牛长日三旬；殿者，谇田啬夫，罚冗皂者二月。其以牛田，牛减絜，治（笞）主者寸十。"是说地方政府时常举行对耕牛的评比，对饲养好的田啬夫及牛长等人给予奖励，差者给予惩罚。若是到用牛耕田的时节，牛的腰围减瘦了的，责任人还要受到笞责。另一条《厩苑律》的律文还提到"叚（假）铁器，销敝不胜而毁者，为用书，受勿责"，言借用官家铁器使用，因其破旧不堪而致损毁者，可不要求赔偿。此处"铁器"，因在《厩苑律》中被提及，无疑当指铁犁一类农具。

牛耕和铁犁的使用使我国农业发生了根本的变革，就是从过去粗放的耒耜农业发展成为深耕细作的精细农业。因为过去使用木制的耒和石制的

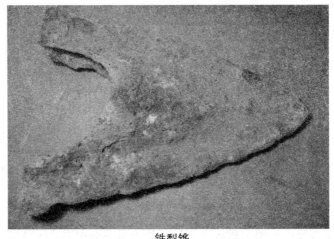

铁犁铧

耜为耕具，难以做到深耕，也难以提高耕作的效率，不过就是稍稍掘松土地的表层，以便播撒种子而已。这不能充分利用土地的肥力，作物产量自然就低下，且需时常对土地实行抛荒，或轮换耕作。使用耕牛拖拉的铁制犁铧，使大面积的土地深耕成为可能，也提高了土地利用率。人们在此基础上对土地和农作物进行仔细管理，精细农业就产生了。战国时代的文献提到其时农作，或称"深耕易耨"（《孟子·梁惠王上》），或称"深其耕而熟耰之"（《庄子·则阳》），或称"耕者且深，耨者熟耘"（《韩非子·外储说左上》），皆指这样一种耕作方式。所谓"耨"即耘田，泛指碎土及田间的中耕、除草一类农活，有文献甚至称一个耕作过程要做到"五耕五耨，必审以尽"。深耕要使地表下面的"阴土"得见，熟耨要使"大草不生，又无螟蜮"，如此方能获得"美禾""美麦"的收成（《吕氏春秋·任地》）。

知识链接

最早的复种轮作

复种，是在同一块土地上，一年播种和收获两次以上的耕作方法。复种可以充分利用单位面积的土地，提高农田的产量。轮作是在一块田地上依次轮换栽种几种作物。轮作可以改善土壤肥力，减少病害。

复种轮作的耕作技术，在后世的农业生产中不断得到发展和提高。汉代的《异物志》中说，南方有"一岁再种"的双季稻。东汉著名的经学家郑玄注释《周礼》时提到，在他生活的那个时期，已经流行"禾下麦"（粟收获后种麦）和"麦下种禾豆"的耕作方式。北魏的《齐民要术》对复种轮作的认识已经比较深刻，书中总结了一套轮作法，并对不同的轮作方式进行了比较，还特别强调了以豆保谷、养地和用地相结合的豆类谷类作物轮作制。复种轮作的推广，对促进中国古代农业的发展起了重要作用。

 ## 战国的农田新技术：粪肥

对农田施肥以增强土壤的肥力，属于土壤改良的范畴。因为粪肥的使用对农作物增产的关系重大，故在这里予以论述，以利于揭示战国农业生产获得飞跃发展的重要原因和主要标志。

以粪肥田，据考证，始于商代。然而，对农田普遍施肥，重视粪肥在改良土壤、增加产量中所能起到的重大作用，则是在战国时期。

战国时期对于施用粪肥的重视，可以从战国中期到战国末期的三位大思想家著作中的有关论述中得到充分的说明。

《孟子·滕文公上》比较助法和贡法两种不同赋税制度的得失，曾提到"凶年粪其田而不足"。在《孟子·万章下》，孟子又说：

耕者之所获，一夫百亩。百亩之粪，上农夫食九人，上次食八人，中食七人，中次食六人，下食五人。

赵岐注："百亩之田，加之以粪，是谓上农夫。其所得谷，足以食九口。"从上下文意来看，孟子显然是把粪肥的施用视为增产粮食的关键所在。

《荀子·富国》说：

田肥以易，则实出百倍……刺草殖谷，多粪肥田，是农夫众庶之事也。

所谓"田肥以易，则实出百倍"，"田肥"是指多粪肥田，"易"是指勤于耕耘，二者相结合，便可以收到"实出百倍"的增产效果。荀子把"刺草殖谷"与"多粪肥田"并列为"农夫众庶之事"，认为多加施肥，便可以达到肥田增产的目的。

《韩非子·解老》说：

所积力唯田畴，积力于田畴，必且粪灌。

韩非子认为，农夫之事不外乎"积力于田畴"，而积力于田畴又不外乎"粪"（施肥）与"灌"（灌溉），把施肥与灌溉作为耕田时必须致力的两件大事。韩非关于粪灌的论断，是我国关于施肥与灌溉相结合的最早记载。此外，在《老子》《周礼·地官·草人》《吕氏春秋·士容论·上农》《礼记·月令》等文献中，也曾谈到以粪肥田的事。

孟子、荀子、韩非子有关以粪肥田的论断以及战国时期其他文献关于施肥的记载，说明施用粪肥作为当时增产粮食的重要措施之一，不仅得到了人们的充分重视，而且普遍应用于农业生产实践。事实上，如果我们把农具视为劳动手段，把土地视为劳动对象，把耕种方法作为农事活动的基本原则，那么，对于农夫来说，无论采用怎样的科学耕作方法，如果离开了施肥与灌溉，便不可能达到大幅度增产粮食的目的。在这个问题上，孟子、荀子、韩非子三位大思想家的认识是极为深刻的，也是粪肥利用在战国时期备受重视的有力证明。

粪肥的作用，在于改良土壤的结构，增加土壤中的有机质，增强土壤的肥力，使土壤适宜于农作物的生长。这对于保持土壤的地力和使瘠薄的土地与盐碱土地的"化恶为美"来说，是十分必要的。

绿肥的使用，在我国有悠久的历史。至迟在西周时期，人们已懂得用锄掉的杂草来肥田。《诗经·周颂·良耜》的"荼蓼朽止，黍稷茂止"，便是说锄掉的杂草在田中腐烂后，可以使庄稼长得更为茂盛一些。

在《吕氏春秋·季夏纪》和《礼记·月令》中，都谈到"土润溽暑，大雨时行，烧薙行水，利以杀草，如以热汤，可以粪田畴，可以美土疆"。"薙"是锄草，"行水"是用水来浸泡锄掉的杂草。即是说在盛夏炎热季节，有利于锄草，沤制绿肥，用来肥田。

《周礼》中所说的"以水火变之""夏以水殄草"，便是《礼记·月令》中所说的"利以杀草，如以热汤"，即利用夏季天气炎热、杂草茂盛的特点，用锄掉的杂草来沤制绿肥。绿肥的使用，可以增加土壤的有机质，增强土壤的肥力。《周礼》的记载表明，绿肥的沤制和使用，在战国时期也是很受重视的。

利用植物灰来肥田，最迟在战国时期已被人们所认识，并且用于农业生产实践。《吕氏春秋·季夏纪》《礼记·月令》中所谈到的"烧薙行水"，这里的"烧"，是指将杂草烧成植物灰，用来肥田。

知识链接

五谷、六谷

春秋战国时，主要的粮食作物有所谓的"五谷""六谷"以及"九谷"等说法。《礼记·月令》中记载人们春食麦，夏食菽，季夏食稷，秋食麻，冬食黍。由此可知，战国时期五谷为麦、菽、稷、麻、黍。《吕氏春秋·审时》中主张种植农作物要适时，其中就提到要种植"得时之禾""得时之黍""得时之稻""得时之麻""得时之菽""得时之麦"，可知当时的六谷是指的禾、黍、稻、麻、菽、麦。此外，《吕氏春秋·任地》中说："孟夏之昔，杀三叶而获大麦。"文献记载上把大麦从麦中分出来，可能开始于战国时期。另外，《吕氏春秋·审时》中已经又把菽分成了大菽、小菽。大菽就是大豆，小菽应该是小豆。

 造福后世的水利工程

水利是农业的命脉，即所谓"水者地之血气，如筋脉之通流者也"。然而，直到春秋中期以前，我国北方广大农田中的"沟洫"系统，其功用是为了防涝，而不是备旱。春秋后期楚国令尹孙叔敖所主持修建的期思陂与芍陂，开创了我国修建大型水利工程的先河。作为农业生产的命脉，水利是提高农业生产所要首先解决的重要问题之一。因而，战国时期大型引渠灌溉工程的大量兴建，是中国农田水利建设第一次重大的飞跃，它是战国农业生产飞跃发展的又一重要原因和主要标志。

战国时期修建的农田水利工程举例如下。

1. 引漳工程

引漳工程作为战国时期最早的一个大型灌溉工程，兴建于魏文侯（前445—前396在位）时期，大约在公元前422年。魏文侯在"七雄"中率先实行改革，他委派西门豹任邺令。西门豹到任后，带领人民开凿了引漳工程。邺县是魏国北部边防上的重镇，在现今河北省磁县和临漳县一带。漳水在流经邺地后注入黄河，经常泛滥成灾。当地的豪绅与巫婆相勾结，以给河伯娶妇为名，鱼肉人民。西门豹到任后，首先便是惩办害人的豪绅与巫婆，废除为河伯娶妇的陋习。接着，他便"发民凿十二渠，引河水灌民田"。据《水经注·浊漳水》记载："二十里中作十二墱，墱相去三百步，令互相灌注，一源分为十二流，皆悬水门。""墱"即是梯级，相当于近代的滚水堰。"十二流，皆悬水门"是说十二渠每渠都修有闸门来控制渠中河水的流量。而"令互相灌注"的目的，是为着此塞彼注，以便不乏水源，利于疏浚淤塞的渠。

《水经注·浊漳水》又记载："昔魏文侯以西门豹为邺令也，引漳以溉邺，民赖其用。其后至魏襄王，以史起为邺令，又堰漳水以灌邺田，咸成沃壤，百姓歌之。"歌词是："邺有贤令兮为史公，决漳水兮灌邺旁，终古舄卤兮生稻粱（《汉书·沟洫志》）。"从记载来看，魏文侯在位期间由西门豹主持开凿的引漳十二渠，到魏襄王在位期间，经邺县县令史起的重新修建，发挥出了更大的灌溉效益。

2. 鸿沟工程

鸿沟是魏惠王迁都大梁（今河南开封）后的第二年（前360）所开凿的一条运河。这条运河引黄河水顺汴水向东流入圃田泽，又从圃田泽向东到大梁城北，转向南，顺沙河流入颍水，即为历史上著名的鸿沟。

圃田泽是春秋战国时期著名的大湖泽，位于今河南郑州东北 15 公里，是地为跨现今河南中牟、原阳二县的一片大洼地，水草林木茂盛，禽兽群聚。据《水经注》记载，直到北魏时期，圃田泽东西四十里左右，南北二十里左右。连接黄河与圃田泽的鸿沟凿通后，鸿沟成为"通宋、郑、陈、蔡、曹、卫，与济、汝、淮、泗会"的河运枢纽工程。通过这一工程，黄河经淮水再经泗水可通达长江，由长江经邗沟又可到达太湖、东海。这一具有很大航运价值的水利枢纽工程，在客观上对于农田灌溉也起到了一定作用。

知识链接

桔槔

春秋战国时期，水利灌溉工具有了明显的进步。至迟到春秋时期，灌溉工具中就已经出现了桔槔。桔槔灌溉是利用杠杆原理灌田的一种方法。桔槔称桥，把一根直木固定在河边或井边，另一根直木横系在这根直木上，横木一端系结着大石头，一端用绳系挂着水桶。汲水时把绳一拉，则水桶入河或井中打水，把绳一放则水桶上升倒水，正所谓"引之则俯，舍之则仰"。这种方法与过去那种"抱瓮""负缶"灌田有天壤之别，大大提高了工作效率。用"抱瓮""负缶"的办法灌田，仅能日灌一畦或一区，而用桔槔灌田则能日灌"百畦"或"百区"。桔槔灌田主要用在园圃业方面，大田作物的灌溉主要靠灌溉渠道。

中华文明的瑰宝：都江堰

举世闻名的都江堰工程，位于原四川灌县城西，距成都约 60 公里，修建于岷江冲积扇地形上，属于无坝引水渠系，整个工程分渠首工程和渠尾配套工程两部分。

渠首工程是整个工程的主体，由鱼嘴（分水堤）、宝瓶口（进水口门）和飞沙堰（溢洪道）三个部分组成。

鱼嘴系位于岷江江中的分水坝，在岷江中游的滩脊上修建的一个形状如鱼嘴的建筑物，由竹篱盛鹅卵石堆积而成。分水坝修成后，将岷江水分为内江和外江。

宝瓶口是内江的进水口门。内江流至飞沙堰的末端，原玉垒山上斜出的一块砾岩，阻拦着河水的去路。而利用砾岩的天然缝隙所开凿的通口，使内江河水流经通口而进入灌区，被称为"宝瓶口"。而被开凿出来的岩石孤立于内外江之间，被称作"离碓"。宝瓶口的作用在于调节由内江进入灌区的水量。

飞沙堰是在鱼嘴和宝瓶口之间修建的溢洪道，其作用是：在洪水季节河水漫过飞沙堰，鱼嘴则失去分水的作用，河水流入外江，多余的洪水从外江得以流走；在枯水季节，大部分河水则流入内江，使灌区有充足的用水。飞沙堰的泄洪，不仅可使洪水从外江流走，又可以使分水堤不至于被洪水所击垮。

渠尾配套工程是在宝瓶口以下开凿柏条河、走马河，穿二江成都之。柏条河在宝瓶口下起引水源，于石堤堰又分为毗河与府河，然后分别流入沱江和岷江干流。走马河在宝瓶口下起引水源，流经成都城外，然后与府河汇流。都江堰工程的灌溉效益，是通过渠尾工程系统来实现的。

都江堰工程渠首的鱼嘴、宝瓶口、飞沙堰和渠尾的柏条河（郫江）、走马河（检江）、府河、毗河，构成了都江堰庞大而严密的工程系统。这个工程系统，堪称我国古代灌渠系统中的优秀典型。

关于都江堰工程的修建，在学术界是一个有争议的问题。一种说法是根据《华阳国志·蜀志》"其相开明（鳖灵）决玉垒山以除水害"，"冰乃壅江作堋，穿郫江、检江，别支流，双过郡下"，认为都江堰工程的兴建是先后两个不同时期完成的。另一种说法是根据《史记·河渠书》"于蜀，蜀守冰凿离碓，辟沫水之害，穿二江成都之中"，认为都江堰工程不是始于开明凿玉垒山，而是由李冰主持完成的。前一种说法认为，春秋时期的开明决玉垒山修成宝瓶口，开凿一条人工河流引岷江水入沱江，战国末期的李冰主持兴建岷江分洪灌溉工程，完成渠尾灌溉系统。这种

都江堰

说法同"鳖灵治水"的传说相一致，可知《华阳国志》的记载是可信的。

据资料记载，都江堰的灌溉面积过去不足 300 万亩。中华人民共和国成立后，党和政府对都江堰的建设十分重视，对灌区进行了长期大规模的建设改造。目前，都江堰已发展成为以灌溉、工业用水和城市用水为主，兼及防洪、发电、养殖、旅游等的综合性水利枢纽工程。两千多年来，都江堰一直发挥着巨大的作用，不愧为"活的文物""世界文化遗产"。

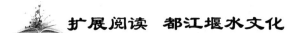

扩展阅读 都江堰水文化

由都江堰而产生的具有强烈地域色彩的都江堰水文化包括水文学、水文物、水神学等，如二王庙、伏龙观、观景台等处的人文景观，改建鱼嘴挖掘出土的东汉李冰石像和"饮水思源"石刻，歌颂李冰父子降龙治水的民间传说和具有一定宗教神学色彩的祭祀活动，以及由此而产生的祭水、祭神、祭人的诗、词、书画等，形成独具特色的都江堰水文化。

第二章

百家争鸣
——中华文明的"轴心时代"

春秋战国时期是中国历史上思想和文化灿烂辉煌、群星涌现的时代。这一时期出现了诸子百家彼此诘难、相互争鸣的学术局面，在中国古代思想史上占有重要的地位。一些伟大的思想家产生于这个时代，他们的思想和学术见解是中华文明的精华。

"百家争鸣"之战士：士阶层

夏商西周是中国文化发展的早期阶段，那时的文化政策是"学在官府"，文化教育完全被官府所垄断。执掌文化大权的是"巫""史""祝""卜"等世袭人士，大凡卜筮、祭祀、历史记录、星象观察、文化教育、医药、音乐歌舞、婚庆丧葬等活动，均由他们掌控。章学诚在《校雠通义·原道》中曾经对这种文化现象做过总结："有官斯有法，故法具于官；有法斯有书，故官守其书；有书斯有学，而官传其学；有学斯有业，故弟子习其业。官守学业，皆出于一，而天下以同文为治，故私门无著述文字。"系统总结了三代时期"学在官府"的文化现象。

然而，那时的巫、史、祝、卜等处在等级森严的宗法制度下，他们是奴隶主上层贵族的附庸，缺乏自由从事文化创造的身份和能力，因而他们还算不上真正成熟的知识阶层。

及至春秋时期，随着井田制的瓦解，建立在这种土地制度上的政治制度——以宗法制为核心的封建等级制也随之瓦解，周天子权威一落千丈，旧奴隶制的社会秩序分崩离析，新的社会关系开始逐步建立。与此同时，随着王纲解组，昔日"礼乐征伐自天子出"的文化局面变成了"礼乐征伐自诸侯出"乃至"自大夫出"的局面。加之春秋时期各国之间激烈的兼并战争活动，需要大量的杰出人才，迫使统治者不得不打破传统的"尊尊""亲亲"的宗法旧制招贤纳士。这一切大大动摇了周代的官学基础，直接冲击着位居社会中流要冲的士阶层。一大批昔日在王宫任职的文化人士依靠"二父子相传，以持王公"取得食禄的优裕生活不复存在了，他们被迫走出王宫，除一部分在地方诸侯国就职外，另一部分则日渐流落民间。《论语·微子》曾描绘春秋末期王室乐队四散天下的图景："大师挚适齐，亚饭干适楚，三饭缭适蔡，四饭缺适秦，鼓方叔入于河，播鼗武入于汉，少师阳、击磬襄入于海。"他们既无定主，又无恒产，背井离乡，游走四方，"久处卑贱之位，困苦之地"。为了生存，只好依靠自己的知识和技能以谋生计，故一时间著书立说者有之，聚众讲学者有之，襄礼赞仪者有之。先前传统的学术授受关系发生了变化，开始由官府转向私门。从此，长期被垄断在官府的学术文化逐渐下移，新兴地主、商人、平民子弟，都有了接受教育的机会，打破了贵族对文化教育的垄断，文化知识渗透到社会的不同阶层，得到更广泛的传播和推广。

到春秋末，私立学门的现象已很普遍。如周守藏史老聃"见周之衰，乃遂去"，著《老子》，创老学。孔子亦兴办私学，亲删《诗》《书》，以六艺教授门徒，相传有弟子三千人，身通六艺者七十二，成为创私学、兴教育方面成就最高者。又如鲁国乐师师襄子、郑人邓析、苌弘等，也都收徒授学。

随着私学的兴起和学问的渐次播散，民间甚至于边远地区也出现了一些精于礼乐的文人。如身为"夷人"的郯子居然到礼仪之邦的鲁国大谈礼乐，连鲁人都自愧不如，可见中国文化已经进入了一个崭新的时期，一个具有鲜明文化标志的社会阶层——"士"阶层崛起的新时期。

春秋战国时期，"士"阶层中许多优秀人物受到重用，如商鞅、吴起等，学术活动也受到鼓励和资助，这就为百家争鸣的出现准备了条件。

春秋时代出现了在平民中选拔贤者出任官吏的制度，《国语·齐语》载有这样一种选官法：问之以"国家之患"如何处理而无难色，"退问之其乡以观其所能"而无大的过错，便可"升以为上卿之赞（佐）"。于是，一批学得六艺的士人便纷纷进入仕途，他们或任卿大夫的家臣，或任地方行政长官。据说鲁国的执政者季氏曾"养孔子之徒，所朝服而与坐者以十数"（《韩非子·外储说左下》）。齐国的执政者田成子也大量养士：他"杀一牛，取一豆肉，余以食士；终岁，布帛取二制焉，余以衣士"（《韩非子·外储说右上》）。田成子自己节俭，而给士以优厚的待遇。孔子死后，"七十子之徒散游诸侯，大者为师傅卿相，小者友教士大夫"（《史记·儒林列传》），他们大都受到各国统治者的礼遇和尊重。

到战国时代，各国尊贤养士之风更加盛行。首先是各国君主选拔贤士，任以要职，进行改革。如魏文侯任用李悝为相，在促进农业生产、保持物价稳定、健全国家法制等方面都做出了积极的贡献，又废除世禄贵族的特权而招徕四方有才能之士；任用西门豹为邺县令，改革弊政，兴修水利，发展生产；任用吴起为将军和西河郡守，整顿军纪，改善官兵关系，极大地提高了军队的战斗力。因此，魏国在战国初期强盛一时。再如赵烈侯改革，任用牛畜、荀欣、徐越等贤士。他"官牛畜为师"，担任国君的高级顾问；命"荀欣为中尉"，负责训练军队和选拔官吏；命"徐越为内史"，掌管财务的收支和官吏的考核（《史记·赵世家》）。经过如此任贤使能，赵国也开始强盛。其他如韩昭侯任用申不害、楚悼王任用吴起、秦孝公任用商鞅、齐威王任用邹忌进行变法改革，都使国治兵强，面貌大变。事实证明，哪个国家尊贤养士坚持得好，哪个国家就会强盛，就可在兼并战争中赢得胜利。

在各国国君尊贤养士的同时，许多有权势的贵族也纷纷养士，以壮大自己的实力。齐王室的亲戚孟尝君田文、赵惠文王之弟平原君赵胜、魏安釐王之弟信陵君魏无忌、楚考烈王之相春申君黄歇、秦王政的相国文信侯吕不韦，所养游士都达到三千人，甚至与秦王政的母后私通而封为长信侯的嫪毐也有"舍人千余人"（《史记·吕不韦列传》）。所谓"舍人"，即所养的门客、游士。这些权贵所养的士，大都能得到很好的待遇。如孟尝君对食客数千人，无贵贱之分，一视同仁；因为其"舍业厚遇之，以故倾天下之士"（《史记·孟尝君列传》）。而这些游士也都能在主人危急之时，为其出谋划策，排忧解难。孟尝君入秦为相而遭囚禁，就是依靠其门客中的"鸡鸣狗盗"之徒，才得以释放而脱险；当孟尝君被齐王废黜时，又依靠门客冯谖机智的游说而"复其相位"（《史记·孟尝君列传》）。权贵们养士的作用，由此可见。

活跃在各国的文士、武士、辩士、策士，在经济、政治、军事、文化等各方面都大显身手。李悝、商鞅、申不害等为各国君主提供富国强兵之策，制法治国之术；公孙衍、张仪、苏秦等游说于各国君主之间，进行合纵连横的外交活动，使局势波澜转折……特别应该指出的是，当时的许多文士著书立说，为战国时代的文化繁荣增添了浓墨重彩的一笔。

"百家争鸣"的基地：稷下学宫

稷下学宫作为战国时期百家争鸣的学术活动中心，设于齐国都城临淄的西郊。"稷下"一词，始见于《史记》的田敬仲完世家与《孟子荀卿列传》。而稷下一词的由来，说法颇不一致。《史记集解·田敬仲完世家》引刘向《别录》："齐有稷门，城门也。谈说之士，期会于稷下也。"《史记索隐》亦说："稷下，齐之城门也。或云：稷下，山名。"《索隐》引《齐地记》云："齐城西门侧，系水左右有讲室，趾往往存焉。"《索隐》又引虞喜云："齐有稷山，立馆其下，以待游士。"可见，"稷下"或为城门名，或为山名，地处齐国都城临淄西郊，山水相依，环境幽静，是进行学术研究或聚徒讲学的理想场所。后世所谓"稷下"，常指临淄西城门附近或稷山之下的"馆""讲室"，是当时的学术活动中心。

稷下学宫的始建时间，在田氏齐桓公在位期间。据《中论·亡国》记载："昔齐桓公立稷下之宫，设大夫之号，招至贤人而尊宠之。"《新序》云："邹忌既为相，稷下先生淳于髡之属七十二人轻邹忌。"邹忌于齐威王九年任齐相，齐威王继齐桓公为齐国国君，《新序》的这一记载证明《中论·亡国》关于稷下学宫创设于田氏齐桓公在位期间的说法是可信的。

稷下学宫的兴盛，始于齐威王在位期间，至齐宣王继位后达到鼎盛。

刘向《别录》载："方齐威王、宣王之时，聚贤士大夫于稷下，号曰'列大夫'。"《史记·田敬仲完世家》载："宣王喜文学游说之士……是以齐稷下学士复盛，且数百千人。"《风俗通义·穷通》亦云："齐威宣王时，聚天下贤士于稷下。"

齐宣王时期稷下学士"复盛"一语是说，稷下学宫在齐桓公时期创设后，于齐桓公在位后期和齐威王即位初年，曾经历了它的第一次衰落。自齐威王任命邹忌为相、在齐国实行社会改革之日起，稷下学宫由衰转盛，于齐宣王在位期间达到鼎盛。

齐湣王继位后，由于他诛杀大臣，连年用兵，国库空虚，一些稷下先生如"慎到、接予亡去，田骈如薛"。稷下先生纷纷离去，稷下学宫开始衰落。后来，燕国大军在乐毅率领下攻占齐国都城临淄，稷下学宫随之废弃。

田单复国后，"田骈之属皆已死。齐襄王时，而荀卿最为老师。齐尚修'列大夫'之缺，而荀卿三为祭酒焉"。可见，稷下学宫在齐襄王时期又再度复兴。然而，复兴后的稷下学宫，已无法同齐宣王时期的盛况相比了。

从齐桓公在位时创设稷下学宫，一直到齐国被秦国攻破，稷下学宫虽几经兴衰，但毕竟在齐国存在了一百五十余年。

稷下学宫的设施及其经费来源，据《史记·孟子荀卿列传》记载："齐之稷下先生如淳于髡、慎到、环渊、接子、田骈、邹奭之徒……皆命曰'列大夫'，为开第康庄之衢，高门大屋尊宠之，览天下诸侯宾客。"《史记·田敬仲完世家》亦谈道："自如邹衍、淳于髡、田骈、接予、慎到、环渊之徒七十六人，皆赐列第，为'上大夫'，不治而议论。"上述《史记》中两段记载表明，齐国政府按照"列大夫""上大夫"的等级，在稷下康庄之衢建造府第，高门大屋，给予稷下先生们尊崇的待遇，为稷下先生从事学术活动提供优越的物质条件，借以招揽天下各诸侯国的学者前来稷下讲学或著书立说。

关于稷下学宫的成员，司马迁写《史记》时，分别使用了"稷下先生"和"稷下学士"两个不同的称谓，对稷下学宫成员的身份予以明确区分。所谓"自邹衍与齐之稷下先生如淳于髡、慎到、环渊、接予、田骈、邹奭之徒""自如邹衍、淳于髡……之徒七十六人""邹忌既为齐相，稷下先生淳于髡之属七十二人轻邹忌"，讲的是稷下先生。其中如淳于髡、邹衍、田骈、接予、慎到、环渊、邹奭、孟轲、宋鈃、尹文以及荀况等人，都是当时著名的学者。这些人在政治上、生活上享有"皆赐列第，为'上大夫'，不治而议论"，"皆命曰'列大夫'，为开第康庄之衢，高门大屋"的优厚待遇。

"稷下学士"是指"稷下先生"门下的游学之士，其人数以"数百千人"计。据文献所载，孟子游学稷下，"从者数百人"；田骈有"徒百人"；淳于髡死，"诸弟子三千人为缞绖"。这些数以百千计的"徒""从者""诸弟子"，便是《史记·田敬仲完世家》中"是以齐稷下学士复盛，且数百千人"所提到的"稷下学士"。淳于髡是稷下学宫中公认的首领人物，死时"诸弟子三千人"为他服丧，可见当时各位稷下先生门下的弟子即稷下学士的总数有数千人之多。

从现有的材料来看，各位稷下先生都有自己的门第，互不相属，各自直接从齐国政府那里取得经费。在这些被称为"上大夫""列大夫"的众多稷下先生之中，有一位公认的首脑人物，他就是德高望重、学识渊博、虽有崇高的荣誉和影响但不具有行政上领导权力的淳于髡。在齐襄王时期，荀子是稷下先生中的首脑人物，三次担任"祭酒"。至于稷下学士，则各自分属于他们的导师即稷下先生。每位稷下先生的门第之中，亦是他们属下弟子们学习、生活的场所。可见，稷下学宫的组织系统是：齐国政府——稷下先生——所属稷下学士。各位稷下先生及其所属学士，彼此间不存有隶属关系。这一组织系统表明：当年在齐国稷下地方，每位稷下先生的府第，犹如今天的一座大学校；整个稷下学宫，则是由几十座学校所组成的一个学府区。

稷下学宫中的先生和学士，并非是一些不问世事的人。他们关心天下时事，特别是齐国的政治。所谓"不治而议论""各著书言治乱之事，以干世主"，恰恰说明齐国政府出资创设稷下学宫，终归还是要服务于齐国的政治。此外如孟子，据《孟子》记载，他在齐国游学期间，曾多次就国事向齐宣王进言。刘向《别录》亦有关于"齐使邹衍过赵"的记载。可见，稷下先生们不仅关心时事，而且有些人为兴盛齐国曾做出了自己的贡献。

稷下先生中虽然有人较多地参与了齐国的政治活动，但这并不能改变稷下先生的学者身份。即或是淳于髡本人，亦不曾在齐国政府中担任任何官职，更不必说其他人了。他们的议政和参政，充其量不过是"不任职而论国事"而已。"邹忌既为相，稷下先生淳于髡之属七十二人轻邹忌"一事表明，稷下先生们并不迷恋权位。这也说明，稷下学宫是名副其实的学术中心。

儒家创始人孔子的思想

孔子（前551—前479），名丘，字仲尼。春秋末年的政治家、思想家，是儒家学派的创始人。

相传，孔丘的祖先是殷人的后代，宋国流亡贵族，后来在鲁国陬邑（今山东曲阜）定居。他三岁丧父，幼贫，早年做过小官，少年时就懂"礼"，曾做过丧事赞礼的"儒"这一职业，中年开始招收弟子讲学，五十岁时在鲁国从政，政绩显著。后来开始周游列国，以求施展政治抱负，可惜一路艰辛，未能如愿：拘于匡，畏于宋，饿于陈、蔡。七十岁时返回鲁国，从事文化典籍的整理工作。曾编辑《尚书》，整理《诗经》，考订《礼》《乐》，删修《春秋》，研究《周易》。七十三岁时病逝。

孔子生前的言论由弟子记录整理，后编成《论语》。

孔子的思想以"仁"学为主，他所讲的"仁"，可以说是一种政治思想、一种道德标准，或是培养人的最终宗旨。孔子首次把"仁"作为一种哲学范畴提出来。在他看来，"仁"就是仁爱之心，要求是"己欲立而立人，己欲达而达人""己所不欲，勿施于人"。孔子将"仁"看作道德的最高准则，把求仁看作是人生的根本原则，在求仁行义问题上，他认为求仁或违仁是君子与小人的分水岭，有志之士应当为实现崇高的道德理想而奋斗。孔子把以"仁"为核心的伦理道德思想贯彻到政治领域，提出"仁政"的学说。他希望统治者"节用以爱人，使民以时"，反对对人民过分剥削压榨，提出富民惠民的主张。他又希望统治者"为政以德"，反对一味使用严刑峻法，而要先用严格的道德标准要求自己，以身作则，通过道德感化搞好政治。综观《论语》，孔子以德治天下的决心和构想昭然可见。除以"仁"为核心之外，他还提出了孝、悌、忠、恕、宽、信、惠、敏、恭、直、温、良、俭、让等道德规范。

但他认为这些都是局部性的东西，能做到某项或几项，值得肯定，但还不能算是达到"仁"。孔子把求仁看作是人生的根本原则。一个人能否成为品质高尚的君子，关键还在于他能否自觉地按照"仁"的要求去进行实践活动。

孔子的另一重要思想是"礼"和"正名"。他看到当时"礼崩乐坏"，想恢复周礼。他的"礼"，既是政治制度，又是道德规范，还包括礼仪、礼节。在当时名不副实的情况下，孔子提出"正名"，以正名来引导当时的风气，他认为"名不正则言不顺，言不顺则事不成，事不成则礼乐不兴，礼乐不兴则刑罚不中，刑罚不中则民无措手足"。在他看来，只有名实相副，社会才会兴礼乐，才能长治久安。孔子主张德政，主张教化、引导人民知礼。德政的主要内容是保民、惠民、恤民、养民、富民。他主张统治者注意自身修养，"修己安人"，以身作则。

在天道观上，孔子不否认天命鬼神的存在，但又对其持怀疑态度，主张"敬鬼神而远之"。相对天命而言，孔子更加注重人事，强调人的主观努力，把探讨和解决人世间的实际问题放在优先地位。

孔子重义轻利，但并非一概否定功利。他重视公利，主张见利思义，旨在谴责见利忘义、为谋私利而不择手段的行为，要人们追求合乎正道的利益。孔子的义利观，有义利相分的倾向，也有义利并重的倾向。

孔子的一生大部分时间是从事文化教育事业。他开创私学，广收门徒，号称弟子三千，身通六艺者有七十二人。在世时，人们就尊其为"孔圣人"。相传孔子编订的"五经"奠定了儒家的基础，儒家在汉代开始成为文化主流。

儒学大师：荀子

荀子（约前313—约前238），名况，字卿，有时亦作孙卿，赵国人。他曾经于齐襄王时到齐国讲学，在齐国都城的稷下学宫中三任祭酒。后又回赵，与临武君议兵于赵孝成王前。其间曾应聘入秦，见秦昭王及应侯范雎。最后至楚，春申君让他做兰陵（今属山东临沂）县令。及春申君死，荀子免官而居于兰陵，与弟子一起著书数万言。他的弟子中最知名者，当数韩非和李斯。

荀子的思想主旨无疑属于儒家。他有《仲尼》《儒效》《礼论》《乐论》等篇，宣传儒家传统思想，自称"儒者"。《汉书·艺文志》也列"《孙卿子》三十三篇"于儒家。由于当时各国特别是秦国的变法改革取得相当的成效，科学的进步促使无神论思想的流行，百家争鸣的热潮如火如荼地展开，荀子吸取众家之长而对儒家思想有了新的发展，但这种发展被某些人视为"异端"。现介绍其礼法并重、制天命而用之、性恶论三个新观点。

"礼"是孔子和孟子的思想重心之一，也是儒家传统思想的重要内容。儒家欲以"礼"来统一人们的道德规范，维护封建等级统治秩序。如果人人按照"礼"的约束行动，遵循"礼"的规范去做，社会就会太平无事，长治久安。《荀子》也以大量篇幅宣传这一道理。不过，荀子往往把"礼"和"法"并提、并举、并重，如他说"隆礼尊贤而王，重法爱民而霸"，"礼者，法之大分，类之纲纪也"，"非礼，是无法也"，"学也者，礼法也"，"礼，法之枢要也"，"礼义法度者，是圣人之所生也"（见《荀子》的《大略》《劝学》《修身》《王霸》《性恶》等篇）。礼与法虽然都是约束人行为的规范，但法更具有公开性、强制性、平等性。俗话说"王子犯法，与庶民同罪"。在秦国商鞅变法时，这个原则是实行过的。因

荀子像

此，法与礼，法治与礼治有各自的效果。荀子礼与法并重的主张，是把儒家思想向前推进了一大步。

"天命"源自孔子思想。孔子曾经屡言"天命君子有三畏"，首先就是"畏天命"，又说"五十而知天命"。可见在孔子看来天命是有的，应当畏惧和知晓它。他的学生子夏曰："商闻之矣：死生有命，富贵在天。"（以上见《论语》的《季氏》《为政》《颜渊》等篇）子夏之说很可能"闻"自孔子。在孔子的后学中，也不乏"天命"论者。他的孙子子思所著《中庸》首句即谓"天命之谓性"。人性原来都是由"天命"定的。然而荀子却与传统的儒家"天命"观相反，他首先强调要"明于天人之分"，即天不能干预人事。他说："治乱，天邪？曰日月、星辰、瑞历，是禹、桀之所同也，禹以治，桀以乱，治乱非天也。"接着他主张要制服天命而利用自然："大天而思之，孰与物畜而制之！从天而颂之，孰与制天命而用之！"（以上均见《荀子·天论》）与其思慕和歌颂天之伟大，不如把天当作物一样畜养，控制和利用它。这是人定胜天的思想，具有何等果敢的唯物主义气魄，它为转化儒家传统中消极的成分做出了积极的贡献。

知识链接

荀子与《成相篇》

《成相篇》是战国末期杰出的思想家、教育家、文学家荀子模拟民间音乐的形式而填写的一首长诗，其内容引述了大量历史人物和事件，宣扬了礼法治国之道，讴歌了统一天下的政治思想，同时揭露批判了丑恶的社会现实和统治者的愚蠢，并要求统治者改变作风、施行开明政治，以抒发自身生不逢时、忧谗畏讥的愤懑之情。全诗充满着政治意味、哲理情趣和抒情色彩，熟练地采用了民间歌曲的形式，使得整篇作品通俗活泼，章句规整，音调和谐，文字简练而含蓄明晰，既叙述了历史故事，又丰富了诗意的内涵。

老子开启玄妙之道

老子（约前571—前471），姓李，名耳，字聃，楚国苦县（今河南鹿邑）人，中国春秋末期的思想家，是道家学派的创始人。相传，他曾为周朝藏书室史官，见闻广博，熟悉各种典章制度，比他年轻的孔子曾向他请教过周礼。老聃"修道德，其学以自隐无名为务"。晚年看到周王朝日益衰微破败，于是辞官，西出函谷关，过着隐居的生活。

传世的《老子》一书，据说就是他的著述。但据今人考察，这部书并不是出自一时一人之手，可能是老子的门人追记其遗说，到战国时期才最终纂集而成，但其基本内容反映了老子的思想，是研究老子思想的主要资料。1973年，湖南长沙马王堆三号汉墓出土的帛书《老子》甲、乙两种写本，不仅在编次上与现今通行的《老子》不同，是《德经》在前，《道经》在后，而且在经文的文句上也有出入，为研究老子及其思想提供了新的珍贵资料。

老子学说的核心是"道"。他认为，"道"不仅具有普遍法则，而且是天地之根、万物之田，是世界的本源，是超绝一切的本体。在他看来，"道"是第一性的，世间的万物都是从"道"派生出来的，所以他说"道"是"万物之宗"，又说"吾不知谁之子，象帝之先"（《老子》第四章），就是说，"道"是宇宙万物的老祖宗，在上帝之先。老子描述的"道"生万物的过程是："道生一，一生二，二生三，三生万物（《道德经》第四十二章)。"这里的"一"应理解为元气，是原初的物质，阴阳之未分，宇宙混沌一体；"二"即阴阳；"三"即阴、阳和统一体。老子进而又认为，阴阳未分的"一"还不是万物的本原，"道"比"一"更原始。他说，道是永恒的，它无象、无声、无形，是"冲而用之有弗盈也"。又说"天下万物生于有，有生于无"。"有"与"无"是老子哲学的一对基本范畴，他的"道"正是在这对范畴的基础上建立起来的。

老子认为，具体器物都是"有"与"无"的统一体，有即器物的实体部分，无即器之空隙或虚空部分，天地之间的万物都是"有"与"无"的统一。事实上，任何物体，不仅占有一定空间，而且构成自身不同部分之间，以及构成这一物体的分子之间都有一定的空隙和虚空，没有虚空也就不会有万物之生。就此而言，老子提出的"有之以为利，无之以为用"的"有""无"统一的观点，无疑是很有见地的认识，含有朴素的唯物因素，只是老子把它虚无神秘化了，并把它看作了万物之宗。

与"道"的思想相适应，老子的政治主张是"无为而治"。他说"道常无为而无不为""侯王若能守之，万物将自化""道之尊，德之贵，夫莫之命而常自然"，"反者道之动，弱者道之用"。就是说，"道"经常是无为的，它的作用也是自然而然的，然而没有一件事物不是它的所为，对万物的成长，它任其自然，道经常处于反向的运动状态，它的作用柔弱，但独立长存，运行不息。因此，统治者应该以"道"为法，"虚其心""不欲盈"，不但要"常使民无知无欲"，而且自己也要"知足""勿矜"，谦下不争。具体做法就是"不尚贤""不贵难得之货""绝圣弃智""绝仁弃义"。在治民时要"虚其心，实其腹，弱其志，强其骨"（《老子》第三章）。只有这样，才能达到"夫惟不争，故天下莫能与之争""为无为则无不为"的境界。

老子的理想社会是"至治之世"的"小国寡民"的世界，他所描绘的"小国寡民"的图景是"虽有什佰之器而不用，使人重死而不远徙。虽有舟舆，无所乘之；虽有甲兵，无所陈之；使民复结绳而用之""邻国相望，鸡狗之声相闻，民至老死不相往来"（《老子》第八十章）。很显然，老子向往的并不是一幅未来社会的图景，而是早已在历史上消失了的社会。正是基于这种观点，老子才主张不仅要"绝圣弃智""绝仁弃义"，而且还要"绝巧弃利"，要人们断绝、放弃一切聪明智慧、仁义和技巧技能，以保持社会混沌、自然的原始状态。

从本质上讲，老子的观点是唯心的，但他对于"道"的论述，有些地方显然具有一定的唯物因素和成分，如"功成身退，天之道""天之道，损有余而补不足，人之道则不然，损不足以奉有余"等。而且他提出的"道"，是无物而自然，对唯物主义自然观的建立产生了积极影响。

同时，老子思想中又含有朴素的辩证法因素。在《老子》一书中，有许多矛盾概念，如美丑、难易、长短、高下、先后、有无、祸福、强弱、刚柔、贵贱、荣辱、善恶、生死、大小、多少、阴阳、盈虚等，这些矛盾的双方既是对立的，又是互相依存和相互转化的。他提出"有无相生，难易相成，长短相形，高下相倾，音声相和，前后相随"等命题，但是在分析矛盾双方的地位和作用时，他又往往颠倒主次，并夸大了他所认为的矛盾的主要方面，从而陷入了唯心主义和形而上学。老子的辩证法思想，突出地表现在矛盾双方相互转化的认识中，他提出了一系列矛盾转化的命题。如曲则全，枉则直，洼则盈，敝则新，少则得，多则惑，以及"祸，福之所倚，福，祸之所伏"（《老子》第五十八章）等，在一定程度上，老子确已看到了事物向其相反方面的转化是一种普遍的现象。

老子对后来道家思想的发展影响很大，其中的一派进一步发挥老子的"无为"思想，战国时期的庄子是其代表；另一派则舍弃了老子思想中否定礼法的成分，把老子的"道"解释为规律，并进而将其改造成为礼法的理论依据，其代表是齐国稷下学派中的黄老道法一派。道家在战国时期有了很大发展，战国前期继承老子思想的是环渊等人，"学黄老道德之术"（《史记·孟子荀卿列传》），成为老子思想的直接继承人。战国中期的庄子，继承和发挥了老子、环渊的思想，是战国时期道家的主要代表人物。

知识链接

老子与尹喜

传说，当年函谷关总兵尹喜见到紫气东来，又见老子骑青牛而至，便拜老子为师，辞官随老子沿秦岭终南山神仙路西行，昼行夜宿，不几日来到将军山下，只见此处祥云缭绕，四季如春，溪流纵横，鱼翔浅底，百鸟争鸣，牡丹竞放，泉水叮咚，真乃世外桃源。老子抬头望时，只见一巨石十分奇异，犹如人形，豹头环眼，铁面虬鬓，一手执剑，一手执扇，五蝠飞舞，正气浩然，不禁叹道"道可道，非常道，名可名，非常名……"洋洋洒洒五千言，由尹喜记录，即《道德经》。

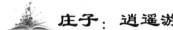

庄子：逍遥游

庄子（前369—约前286），名周，宋国蒙（今河南商丘附近）人。曾在蒙做过短期的漆园吏，有时以编织草鞋为副业。庄子的思想，保存在现存的《庄子》一书中。《庄子》今存三部分，分内篇、外篇和杂篇。其中内篇七篇，代表了庄子的思想，是研究庄子思想的主要资料。外篇和杂篇，一般认为是庄子后学的撰述。

庄子对当时剧烈的社会变革，采取了消极逃避的态度。据说楚威王听说了他的大名，曾派人迎接他到楚国做相国，他笑着拒绝说：我不会像用于祭祀的神龟那样，穿上漂亮的衣服，去做祭祀鬼神的牺牲品。我宁愿做一条在污泥中自得其乐的龟，也不愿被有权有势者所束缚。

庄子之学与老子之学相似而实不同。庄子对老子所讲的精神性的"道"，做了进一步的说明。庄子也认为，"道"是万物的本原，而且是超感觉的，无为无形，无时不在，无处不在，这和老子的解释基本是一致的。但他进而认为，人通过修养可以得"道"，得了"道"就可以与"道"同体，我就是"道"，"道"就是我。这样，人生的苦恼和生死都可以得到解脱，这是庄子理想中的人生最高境界。

庄子把老子对立面转化的思想引向了相对主义。庄子认为，谁是谁非没有客观标准，因而也是不能判定的，是与非完全是相对的。他认为，事情的是非，不仅辩论双方不能证明谁是谁非，而且用另外任何一种认识也不能作为判定是非的标准。这就是说，在认识范围内是找不到检验认识真理的标准的。但是庄子并没有对什么是判断是非的标准做出明确的回答，而是认为人在认识范围内不可能证明谁是谁非，从而完全否定有判定是非的标准，从而得出了是非无定的错误结论。他声称："自我观之，仁义之端，是非之涂，樊然淆乱，吾恶能知其辩！"这就陷入了不可知论。既然是非不可知，因此他主张人应该"不遣是非，以与世俗处"。并认为这就是"道"之枢要，掌握了这个枢要，就可"以用无穷"。

庄子不仅否认是非之别，而且否认世界上一切差别和对立的存在，否定事物质的规定性与多样性，夸大事物差别的相对性和统一性。他说"物无非彼，物无非是"，"是亦彼也，彼亦是也"。庄子还认为，差别完全是主观的，"天下莫大于秋毫之末，而泰山为小；莫寿于殇子，而彭祖为夭"，这就使矛盾对立面的转化，变成了纯粹的概念游戏。

庄子相对主义的最终目的，是要达到主观精神的绝对自由，即所谓"逍遥游"。而要想达到这种境界，则必须无己、无名、无功。而要达到"无己"，就必须坐忘，忘形去智。庄子的逻辑是，既然千差万别的世界皆生于"无己""丧我"，现实世界也就不存在了。

知识链接

庄子借粮

庄子家里穷得没饭吃了，于是他就硬着头皮去向监河侯借点粮食。监河侯对他说："可以。等我把我封地里的钱收起来以后，我就借给您三百金。行不行?"

庄子听了愤然作色,生气地说:"我昨天来的时候,走在半路上,突然听到有人呼喊我的名字,我回头一看,原来是车辙的积水中有一条小鱼在叫我。那条可怜的小鲋鱼说:'我本来是生活在东海里的。现在您是否愿意给我一升半斗的水救我一命呢?'我告诉他说:'可以,我将要到吴越一带去见吴王、越王。到那时,我将把浩浩荡荡的长江水引来迎接你,行不行?'没想到那条鲋鱼听了之后愤然作色,生气地说:'我失去了我无法离开的水,我一天也没有办法生活下去了。现在如果有一斗半升水给我,就能救我一命。而你却说要等到将来把长江的水引来迎接我。到那时,你大概只能在卖干鱼的商店里找到我了!'"

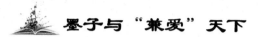

墨子与"兼爱"天下

墨子（前476—约前390），名翟，宋国人，中国春秋战国时期的思想家和政治家，墨家学派的创始人。他自称"上无君上之事，下无耕农之难"，是当时的"士"，曾为宋国大夫。他求学于孔子，后不同意孔子的学说而另创学派。他载书出游，到过齐、鲁、楚、卫、魏等国，身体力行，宣传自己的主张。墨子有众多的追随者，形成了一个带有宗教色彩的团体，其成员均称为"墨者"。他们平时亲自劳作，以苦为乐，需要时人人为理想赴汤蹈火，在所不辞，有严格的教条和勇武的精神。他们分别被派到各国宣传墨子的政治主张和思想，在很长的一段时间内产生了广泛影响。儒、墨两家在当时并称"显学"。

墨子出身于一个贫民家庭。年轻时曾在儒家门下就学，但因不满其礼仪烦琐，讲究厚葬，便另立新说，开创墨家学派，成为当时儒家的主要反对派。因为墨子长期生活在社会下层，对劳动人民遭受的苦难有深切的感受，他的学说也基本上代表了劳动人民的要求。墨子反对战争，主张人与人之间应该平等互爱；反对等级制度和社会差别；崇尚节俭，反对享乐，反对厚葬；提出国家管理要任用贤者、人类与自然要和谐相处等主张，他为之奋斗的目标就是"为万民兴利除害"。墨子为了宣传贯彻自己的学说思想，不仅游说列国，而且还艰苦卓绝地身体力行。他那种"摩顶放踵利天下而为之"的精神，赢得了人们的尊重，当时就形成了一个"弟子弥丰，充满天下"，甘愿"赴火蹈刃，死不旋踵"的学派组织，成为战国时期与儒家学说抗衡的"显学"。墨翟的主要言行，由其弟子或从弟子收集整理为《墨子》一书。

墨子一生主要从事讲学和政治活动。墨家学派既是学术团体也是政治组织。墨子倡导尚贤、尚同、兼爱、非攻、节用、节葬等主张，基本反映了广大劳动阶层的呼声，因此，墨子被誉为劳动人民的哲学家。

墨子死后，其门人推选一人为首领，称为"钜子"，继续领导墨家学派的活动。墨家学派后来分裂为三派，开战国一代学术争鸣之风。《墨子》一书，一共53篇，大部分内容是墨子的弟子或再传弟子记述墨子言行的集录。墨子主张"兼爱""交相利"，并提出"节用""节葬""非乐""非攻"。他不赞同孔子的"仁学王政"的立场，幻想建立一个没有强暴弱、富侮贫、贵傲贱、智诈愚的大一统的公平合理的社会。他在政治思想上主张"尚贤使能"，反对贵族世袭，反对儒家的"亲亲""尊尊"。

"兼爱"是墨子整个学说的基础，也是政治思想的核心。墨子生在一个大国攻小国、强劫弱、贵傲贱的天下大乱的时代，他苦苦寻求着医治社会灾难的药方。墨子认为，当时国与国之间的战争，人与人之间的争夺，成为天下的大害，其根源在于缺乏"兼爱"精神。变乱为治唯一的办法是"使天下兼相爱"。墨子反对儒家的"爱有差等"的观点，提出"爱无差等"的主张。他提倡人人相爱，普遍相爱，爱人若爱己，不分远近亲疏。但是，在等级存在的前提下，这只能是一种善良的愿望和企图超脱残酷现实的幻想。

墨子的兼相爱是以交相利为条件的，兼爱就是仁，仁必须和利结合，爱人就必须利人，仁不离利。因而，他重视生产，提倡节用。

百家中的阴阳五行派

阴阳家，又称阴阳五行派。春秋战国时期的各家学说，无不在一定程度上受到了阴阳五行理论的影响，谈论阴阳五行成为当时思想界的一种普遍风气。那么究竟什么是阴阳，它又是怎样形成和发展起来的呢？

"阴阳"这个概念是何时产生的，现在已难以考证，但可以肯定的是，在甲骨文中已经出现了"阳"字。甲骨文中的"阳"字是古代的象形字，像日头高悬，光耀四方。日光照到的地方便称为"阳"。甲骨文中尚没有发现"阴"字，金文中的"阴"字从字形上看与太阳没有多大联系。以金文中的"阴"字指背日或日光照不到的地方，未必是其本义。

现在所知的甲骨文和金文中，都没有发现"阴阳"两个字连用。《诗经·大雅·公刘》中，"既景乃岗，相其阴阳"，是我们所能看到的最早的"阴阳"连用。这句话是对自然现象的简单观察和描述，就是在山冈上测日影，看它是向阳还是背阴。这与用阴阳来解释自然和社会现象的阴阳观念还是有很大差别的。

一般认为，阴阳最初指日光的向背，向日为阳，背日为阴。西周末年，人们在生产活动中，观察到自然界中存在着天地、日月、寒暑、昼夜、阴晴、明暗、生死等现象。人和动物中又有男女、雌雄之别，便以"阴"来代表那些柔弱、消极、退守的事物及其阴性特征，同时以"阳"来代表与之相对的阳刚、积极、进取的事物及其阳性特征。

结合对上述矛盾现象的观察，阴阳这个哲学范畴，就逐步形成了。春秋末期的"商圣"范蠡就曾说："阳至而阴，阴至而阳。"表达了事物向对立面转化的辩证思想。这与老子提出的"万物负阴而抱阳"，即认为任何事物都存在阴与阳两面，并且都处在统一体中的观念是一致的。

在《论六家要旨》中，司马谈说道："尝窃观阴阳之术，大祥而众忌讳，使人拘而多所畏，然其序四时之大顺，不可失也。"在《汉书·艺文志》中，也有类似的评论："阴阳家者流……敬顺昊天，历象日月星辰，敬授民时，此其所长也。及拘者为之，则牵于禁忌，泥于小数，舍人事而任鬼神。"

后来，思想家们借用"阴阳"来表示两种对立和互相消长的物质力量及现象，进而认为一切事物都是由阴阳两面构成的，并由阴阳的对立斗争而形成事物的运动变化。阴阳学说的基本内容可用"对立、互根、消长、转化"四个词加以描述。

阴阳交感而生宇宙万物，宇宙万物是阴阳的对立统一。阴阳学说是在气说的基础上建立起来的，并在气说的基础上，进一步认为天地、日月、昼夜、阴晴、水火、温凉等运动变化中一分为二的结果，这样就抽象出来阴和阳两个相对的概念。阴阳是抽象的概念而不是具体事物，所以"阴阳者，有名无形"。

阴阳家以天人关系为中心研究各种事物的关系，其中的部分论说确实有一定的科学价值，但同时也掺杂着许多的神秘主义色彩。阴阳家虽然经常海阔天空地讨论自然界的各种问题，但终究都归结到人事和政治上。

阴阳学派魏晋以后已不复存在。《汉书·艺文志》录有阴阳家著作"二十一家，三百六十九篇"，但都没有流传下来。不过，从董仲舒的《春秋繁露》中还可以看到一些关于阴阳家的学说内容，而阴阳家在中国思想发展史上的重要性，则是具体化了自然世界对于人事的影响。这种想法，还可以在现存的旧历或是农书、农历里看到。

阴阳家思想可以说是中国古代最富哲学味道的理论构想之一，著名的英国科学史家李约瑟称它是"古代中国人能够构想的最终原理"。阴阳、五行与气等学说相互结合，成为中国古代哲学思想体系的组成部分。

知识链接

《易传》中的阴阳

《易传》以阴阳为基础，将天地、风雷等自然事物和男女、君臣、得失等社会事物纳为一体，提出"一阴一阳之谓道"的原则，认为阴阳的相互交替作用是宇宙的根本规律，把阴阳上升为最高的哲学范畴。

在《周易》中，构成八卦基础的两卦是乾卦和坤卦，它们就是天地、阴阳的象征。其中，乾是天，属阳性；坤为地，属阴性。世界上的万物，都是在阴阳这两种相互对立的"天地之气"的运动中孕育、产生和发展变化的。这种观点，无疑含有朴素的唯物主义和辩证法思想。

纵横捭阖的"纵横家"

外交活动是国家之间政治、经济、军事、文化交往的重要手段。为了本国的利益，外交家们凭着智慧和辩才，周旋于国际舞台。在我国历史上，战国时期的"纵横家"具有高明的外交手腕。说起"纵横家"，还得从"战国七雄"的斗争形势开始。

战国是指从"田氏代齐"到秦始皇统一中国的这段时期。经过春秋时期的兼并战争，到战国时期，逐渐形成了齐、楚、燕、赵、韩、魏、秦七国争雄的局面。七国都极力增强国力，以求统一天下。因此，争城夺地的兼并战争，就在彼此之间频繁地展开了。

魏国本是七国之中实力最强的，但自从大将庞涓在与齐国孙膑的马陵之战中兵败身死后，便再没能称雄。秦国则靠着商鞅变法的成功实施，一跃成为当时的头号强国。

秦国的崛起，使其他六国深感不安。他们不得不联合起来，共同抗秦，如公元前 310 年，魏相公孙衍就曾组织魏、赵、韩、燕、楚五国联合伐秦。秦国也利用六国之间的矛盾，远交近攻，各个击破。于是，一场复杂交错的合纵连横斗争便逐渐拉开了序幕。在这场波澜壮阔的历史活剧中，纵横家们粉墨登场，依靠高明的策略、凌厉的辩才，乃至玩弄狡猾的政治手腕，或"合纵",或"连横",出尽了风头。

合纵与连横，是各国在这场兼并与反兼并战争中所采取主要外交策略。关于"合纵"与"连横"的来源，有以下两种说法。

一是当时楚国在南，赵国在北，燕国在东北，秦国在西，齐国在东，韩、魏两国居中。六国地连南北，而南北方向为纵，它们联合抗秦就是"合纵"；秦国在西，六国居东，六国或其中几国服从、追随秦国即为"连横"。

二是说"合纵"即"合众弱以攻一强"之意，也就是弱国联合起来以防强国兼并，秦国最强，六国联合起来抗秦就是"合纵"；"连横"即"事一强以攻众弱"之意，也就是强国迫使弱国进攻别国，六国中某几国追随秦国进攻他国就是"连横"。

纵横家会千方百计地寻找机会出人头地，因而在很多关键时刻，他们都能挺身而出，参与谋划、进献良策，甚至不惜背信弃义、朝秦暮楚，来实现人生价值。纵横家这种不安于现状、不甘贫贱、骋才驰能以求荣华富贵的性格特征，与当时的社会风气不无关系。

纵横家中最著名的当推苏秦和张仪。据《史记》记载，两人都曾拜鬼谷子为师。但鬼谷先生是否确有其人，一直是个谜。由于纵横家的著作基本不传，我们只能从一些历史典籍中对这一流派做些了解。载有纵横家重要事迹及其游说内容的史书主要有《史记》《战国策》以及长沙马王堆汉墓出土的帛书《战国纵横家书》中保存的苏秦书信及其游说辞等。

从对苏秦、张仪的介绍分析中大致可知，纵横家有如下特点：其一，作为"九流"之一，纵横家不是一个学术流派，而是一些近似于今天外交家的"政客"。其二，尽管世人对纵横家的人品和行为见仁见智，褒贬不一，但这些游士、食客的学识、辩才都是无可置疑的。无论是说人之国还是却敌之兵，既要有过人的胆略，又要审时度势，精通各国国情；既要有政治、地理、历史、军事各方面的渊博知识，又要有纵横捭阖的策略和雄辩的口才。在这方面，纵横家们的确很有造诣。其三，作为战国后期重要的政治力量，纵横家们纵横捭阖的外交活动，对于这一时期社会发展阶段的历史走向产生了极为重要的影响，尤其是张仪的连横策略，对于秦国兼并六国、统一天下的进程起到了一定的加速和推动作用。

知识链接

纵横家的出身

战国时期的纵横家大多出身于平民。他们不安于现状，立志与命运抗争，希望找到一条通向富贵荣华的新途径。尽管级横家中也有孟尝君、信陵君等贵族公子，他们虽然富贵无比，但仍不满足于既得的地位和财产，希冀有更大的权势、更多的财富，因而在纵横交斗的形势中主持合纵，参与连横，招养策士，搅动风云，在历史上留下了自己的足印。

兼收并蓄，杂合百家

"杂家"产生于战国末期，是一个博采各家学说的综合学派，为《汉书·艺文志》所列"九流十家"之一。杂家"兼儒墨，合名法"，"于百家之道无不贯综"，反映了封建大一统形成过程中的文化融合趋势。

战国末期，经过激烈的社会变革，封建制国家纷纷出现，新兴地主阶级便要求在政治上、思想上的统一。在这种呼声下，学术思想上出现了把各派思想融合为一的杂家。杂家的产生，大体上反映了战国末期文化大融合的趋势。

1. 杂家的特点

杂家的特点是"采儒墨之善，撮名法之要"。杂家虽主要是集合众说，兼收并蓄，然而通过采集各家言论，贯彻其政治意图和学术主张，所以也为一家。春秋战国时代，百家争鸣，各家都有自己的对策与治国主张。为了打败其他流派，各学派或多或少地都吸收了其他流派的学说，或以攻诘对方，或以补自己学说的缺陷。然而，任何一个流派也都有其自己的特色与长处，而"杂家"充分利用这个特点，博采众议，形成了一套在思想上兼收并蓄，却又切实可行的治国方针。

2. 杂家著作

据《汉书·艺文志·诸子略》记载，杂家著作有《盘盂》26篇、《大禹》37篇、《伍子胥》8篇、《子晚子》35篇、《由余》3篇、《尉缭》29篇、《尸子》20篇、《吕氏春秋》26篇、《淮南内》21篇、《淮南外》33篇等。

杂家著作以秦代的《吕氏春秋》、西汉的《淮南子》为代表，分别为秦相吕不韦和汉淮南王刘安召集门客所辑，对诸子百家兼收并蓄，但略显庞杂。杂家著作现在只留下《吕氏春秋》《淮南子》《尸子》（原书已佚，今仅有后人辑本）三书。后世有赵蕤所著的《反经》综述杂家。

另外，杂家著作中含有很多道家的思想，因此也有人认为杂家实为新道家学派。例如，《淮南子》在古代就曾被划入《道藏》。而且，胡适先生也曾在其《中国中古思想史长编》中写道："杂家是道家的前身，道家是杂家的新名。汉以前的道家可叫作杂家，秦以后的杂家应叫作道家。研究先秦两汉之间思想史的人，不可不认清这一件重要事实。"

3. 杂家先驱——吕不韦

吕不韦，战国末年卫国人，杂家的先驱，主持编撰了杂家名著《吕氏春秋》。吕不韦早年是位家累千金的大商人，后来弃商从政，拜秦国国相。

作为有史以来最大的投机家，吕不韦一生的经历对后人依然有着很大的影响。即使到了现代社会，他的公关手段、自我炒作等做法，仍然有借鉴意义。

吕不韦白手起家，在尚未婚娶的年龄就成为赵国首富，其"奇货可居"理论功不可没。为了发展经商事业，他从经济不发达的卫国迁居地处交通要道、各国的名人云集、经济比较发达的赵国。他广泛结交赵国达官贵人和各国的外交使节，在商业上取得了很大成功。

不过，众所周知，中国古代是农业社会，吕不韦尽管家累千金，但社会地位却很低。为了改变这种状况，他决定弃商从政。他把奇货可居的经商理论与政治手段结合起来，直接从高层入手，孤注一掷，把在赵国做人质的秦国公子子楚作为自己进入上层社会的阶梯。

在花费巨资包装子楚的同时，他还把自己心爱的女人送给子楚为妻，以博得子楚的欢心。把秦国公子子楚拉入怀抱后，吕不韦凭借其巨大的财力，到秦国都城咸阳四处结交上层关系，大力宣传炒作子楚的能力。他用大笔金银财宝贿赂秦王宠爱的华阳夫人，成功地使子楚登上了秦王的宝座，成为庄襄王。

吕不韦因拥立有功，被庄襄王任命为丞相，封为文信侯，食邑十万户。庄襄王死后，其年幼的儿子嬴政继位，尊吕不韦为“仲父”。这时候，吕不韦门下已有食客三千、家童万人。因秦王嬴政年幼初立，由吕不韦摄政。

吕不韦要权有权，要金银有金银，但他却不满足，因为自己的学问太浅，虽然身为宰相，仍然怕被以后的文人学者瞧不起，毁掉自己的一世英名。于是，他广集满腹经纶的文人学者，专门编撰了以他的姓氏命名的《吕氏春秋》。这部后来流芳百世、千金难改一字的经典之作，也使他的事业达到了顶峰。

后来，吕不韦因受叛乱等事的牵连，被免除相国职务，出居河南封地。不久，秦王嬴政复命其举家迁蜀，吕不韦害怕被诛，饮鸩而死。

纵观吕不韦的一生，他的很多观点和做事的方法，即使到了现代仍然是比较超前的。由此看来，吕不韦不愧为一位千古奇人。但由于其利欲心太重，不懂得急流勇退之道，最后落了个自杀身亡的悲惨结局，这个教训值得后人深思。

知识链接

吕不韦的政绩

执政期间，吕不韦以"并天下"为目标，极力使秦国富强起来。他施仁政于百姓，广交宾客，招贤纳士，收李斯为舍人，主持修造了著名的郑国渠。又任用蒙骜为将军，出兵攻打韩、赵、魏，灭东周，取韩国的成皋、荥阳，置三川郡。拿下魏国二十城，设置东郡，为秦国开拓疆土数千里，奠定了统一六国的基础。

 扩展阅读　列子射箭

列子，名御寇，又作列圄寇、列圉寇，生活时代大约在老子的弟子尹喜之后、庄子之前，是战国时期著名的道家学派思想家。

据说列子善于射箭。列子学习射箭，已经能够射中目标了，他高兴地去向关尹子请教。

关尹子问他：你知道你为什么能够射中目标吗？

列子老老实实地回答：不知道。

关尹子说：这样看来，你还没有学好啊！

列子回去又认认真真地练习了三年，再次来向关尹子请教。

关尹子问：你现在知道你为什么能够射中目标了吗？

列子回答说：知道了。

关尹子点点头说：行了，你已经学成功了。这其中的道理，你要永远记住。不仅射箭要这样，而且治理国家、为人处世都应该这样。

寓意：办事情不仅要知其然，而且要知其所以然，掌握它的规律。只有自觉地按规律办事，才能够把事情办好。

第三章

变法建制

——春秋战国的政治变革

春秋战国时期,各诸侯国为了巩固政权,加强对农民的控制与剥削,赢得兼并战争的胜利,纷纷进行社会政治经济改革,掀起了变法的运动。变法措施的推行,促进了生产关系的变革,使劳动者的生产积极性提高,也使社会经济呈现繁荣的景象。

春秋战国时期的变革家

　　法家是中国春秋战国时期一个以法治为核心的思想学派。这个学派否定了世袭贵族天然传承的等级制度，主张以法治国。

　　法家主要盛行于战国时的韩、魏、赵三国，法家中有三个学派：慎到重"势"，申不害重"术"，商鞅重"法"。这些学派思想由韩国人韩非子集以大成，构成法家思想的核心。

　　法家在法理学方面做出了贡献，对于法律的起源、本质、作用以及法律同社会经济、时代要求、国家政权、伦理道德、风俗习惯、自然环境以及人口、人性的关系等基本问题都做了探讨，而且卓有成效。

　　法家就是变革家。上下五千年，尽管受到种种意识形态上的束缚，尽管变革中伴随着艰难的阵痛，但法家从未放弃变革图治、革故鼎新的努力。他们不断奔走呼号，提醒统治者与世人，改革是合理的，更是必需的。

　　春秋时期，管仲任齐相后，对经济、政治、军事、外交进行了一系列改革。

　　在经济上，废除公田制，按土地肥瘠收取赋税，提高了百姓耕种的积极性。设立盐官和铁官，专管煮盐和制造农具，并大力发展渔业。由国家铸造钱币调节物价，推动商品流通，鼓励商民与境外的贸易。这些变革使齐国的经济迅速壮大。

在政治上，把国都划分为二十一个乡：工商乡六个，乡民专营本业，不服兵役；农乡十五个，乡民平时种田，战时当兵。国都以外划分为邑、卒、乡、县，十县为一属，全国共有五属，设五位大夫管理。这五位大夫每年要向国君述职。

在军事上，将行政上的保甲制度同军队组织紧密结合起来。每年春秋，军队通过狩猎进行训练，以提高战斗力。百姓不准随意迁徙，近邻之间要守望相助。容许犯罪之人拿盔甲和武器来赎罪，以补充军队装备的不足。

经过改革，齐国国力很快强盛起来。管仲又向齐桓公提出了"尊王攘夷"的政策。尊王，就是举起拥护周王室的旗帜，借周天子之名号令天下，称霸诸侯。攘夷，就是带头讨伐内侵的北方游牧民族狄人和戎人，以争得各国的拥戴。

此后的三十年中，齐桓公在管仲的辅佐下"九会诸侯，一匡天下"，先后主持了多次各诸侯国的会盟，还曾辅助拥立周王室，成为公认的霸主。管仲为齐国创立霸业立下了不朽的功勋。

战国时期，各国奴隶制生产关系逐渐瓦解，新兴地主阶级要求废除维护贵族特权的"礼制"，实行"法治"。在新兴地主阶级的支持下，法家在各国掀起了一系列变革运动。

魏国是战国初期最早进行变法的国家。魏文侯晚年发力，积极寻求人才，治国图强。他任命李悝为国相，开始实行一系列的改革措施，使魏国成为战国初期最强盛的国家之一。

首先，尽地力之教。李悝破除旧有的阡陌制，鼓励自由垦荒，并要求人们同时播种小米、黍子、麦、大豆、麻五种作物，以防作物单一遇天灾时无法补救。在住宅四周多种植桑树以养蚕，在菜园多种蔬菜，田间空隙种植瓜果。总之，要充分利用地力，扩大农副业生产。

其次，推行平籴法。李悝按年成好坏，把好年成分为上小下三等，坏年成也分成三等。好年成由官府按等级出钱买进一定数量的余粮，到了坏年成，再由官府按等级平价卖出一定数量的存粮。这种方法可以"取有余而补不足"。"虽遇饥馑水旱，籴不贵而民不散"，同时还可以限制商人囤积粮食，以防粮价暴涨暴跌，从而防止农民破产和贫民流亡。

再次，推行"食有劳而禄有功"和"夺淫民之禄以来四方之士"的政策。李悝还废除旧的世卿世禄制，改为按功劳的大小和对国家贡献的多少，分别授予职位和爵禄。对那些无功于国而靠父祖爵禄享受特权的贵族，以及身着华丽服装、出门乘着车马、回到家中又沉湎于舞乐的"淫民"，剥夺他们的爵禄，用来招揽四方的贤能之士，为魏国的繁荣强盛创造了条件。

战国初期，秦国由于地处西陲，国内政治又由贵族们垄断，政治、经济和军事等方面都比较落后。年轻的秦孝公即位后，先后任用商鞅为左庶长、大良造，进行全面的社会改革。《史记·商君列传》称赞其成效是："道不拾遗，山无盗贼，家给人足，乡邑大治。"

其在政治上重刑治民。以五家为一伍，十家为一什，各家互相纠察。一家作奸犯科，别家必须告发。隐瞒不告，就要连坐；告发奸人的，与斩得敌人首级者同赏；藏匿奸人的，要跟投降敌人者同罪。收留没有凭证的旅客，要问客舍主人的罪。合并乡、邑、村落为县，设县令、县丞、县尉等官，将权力集中到朝廷。

在经济上鼓励农业生产。粮食和布帛生产多的，可以免除劳役。游手好闲而致贫穷的，罚为官奴。废除井田，开阡陌封疆。统一了度量衡，"商鞅方升"就是当时的标准量器。

在军事上按斩下敌人首级数授爵。凡在战争中斩得一个敌人首级的，赏给爵位一级；要做官的，委任五十石俸禄的官。斩得两个敌人首级的，赏给爵位两级；要做官的，委任一百石俸禄的官。没有军功的宗室子弟，一律废除名位。

秦国经过商鞅变法，面貌焕然一新，从一个落后的国家，一跃而为"兵革大强，诸侯畏惧"的强国，为后来灭六国统一天下奠定了基础。

知识链接

不法古，不循今

法家反对保守的复古思想，主张锐意改革。他们认为历史是向前发展的，一切的法律和制度都要随历史的发展而发展，既不能复古倒退，也不能因循守旧。商鞅明确地提出了"不法古，不循今"的主张。韩非子则更进一步发展了商鞅的主张，提出"时移而治不易者乱"，他把抱持守旧思想的人讽刺为守株待兔的愚蠢之人。

变法先驱李悝与《法经》

战国初期魏国著名政治家李悝编纂的《法经》，是我国历史上第一部完整系统的成文法典。之后的历代统治者都把它视为立法的蓝本。《法经》是李悝在魏国实行变法的直接成果，也是春秋末期以来各国立法之大成。春秋战国之交，是奴隶制土崩瓦解、封建制度在各国相继确立的时期。新兴的地主阶级为了确立政治上的统治地位和保护封建经济的发展，纷纷变革经济和政治法律制度，形成了一股公布成文法的历史潮流。如韩国的《刑符》、楚国的《宪令》、齐国的《七法》、赵国的《国律》等都在这一时期相继问世。在魏国，魏文侯任用李悝为相，实行变法。李悝的变法是各国变法的继续和发展，很有成效。

从前文可知，其变法的主要内容，一是推行"尽地力之教"和"善平籴"的经济政策，"尽地力"即充分利用地力提高生产水平，"善平籴"即稳定粮食价格，借以保障封建剥削，加强国家的物质基础。二是实行"食有劳而禄有功，使有能而赏必行，罚必当"（《说苑·政理》）的政治措施，以扫除奴隶制世卿世禄制残余，剥夺无功受禄的所谓"淫民"的特权，为地主阶级登上政治舞台、建立封建官僚制度开辟道路。

李悝变法是魏国一次深刻的社会改革，在这场大变革中，统治者既需要凭借严厉的强制手段推进改革，又需要运用刑罚来巩固改革的成果。在这种形势下，李悝以各国的新法为思想素材，并结合魏国的实际加以创造，于是，《法经》就应运而生了。

《法经》这部完整法典的原文已经散失，今天所能看到的片段出自三处：《晋书·刑法志》《唐律疏议》和《七国考》(明代董说撰) 所引桓谭所著《新论》的记载。三处的记述大体一致，以《七国考》为最详细。

《法经》共有六篇，也称"六法"，即盗法、贼法、囚法、捕法、杂法、具法。《法经》以惩治盗、贼为中心，全律其他各篇也是围绕这个中心而编制和排列。盗主要指对私有财产的侵犯，贼指破坏政治秩序及危害人身的犯罪，包括杀、伤之类。有了盗贼要捕捉、办罪，所以第三、四篇是囚法和捕法。在这四篇之外，把其他破坏社会秩序的行为合为一篇杂法。最后一篇具法规定了刑罚加重减轻的内容。这六篇法律规定了有关犯罪、刑罚及刑罚的适用等，还包括了类似现代刑事诉讼的一些内容，形成了一个较完整的法典体系。

《法经》的特点有以下几点。

第一，维护和巩固新建立的封建统治。凡属于危害封建统治的盗玺、盗符、越城、非法群聚、议论国家法令等行为，不仅本人处死，有的还要牵连到亲属，处以最重的刑罚，以此确保集权统治和政策法令的贯彻。在封建社会中，以思想言辞致罪的始于《法经》。

第二，严惩侵犯财产权、人身权的犯罪。《法经》的立法宗旨是："王者之政，莫急于盗贼。"因此，对危害国家安全、侵犯财产所有权、侵犯人身权的打击是法律的首要任务。

第三，贯穿了早期法家所主张的"不别亲疏，不殊贵贱，一断于法"的法治原则，反对奴隶主贵族的等级特权制度。主张打破礼和刑不可逾越的界限，规定太子犯法要受笞刑，丞相受贿左右伏诛，将军受贿本人处死。但与此同时，《法经》又正式确认了封建的等级制度，明确规定大夫之家如有诸侯享用的器物，便以逾制的罪名，判处最严重的族诛。

第四，体现了"重刑轻罪"的精神。李悝作为早期的法家代表人物，主张严刑酷法，即使对轻微的犯罪行为，也要处以严刑，其目的是为了防止人们轻易犯法，例如，偷看皇宫的要把脚砍掉，路上拾取他人遗失物的要断脚趾等。

第五，规定了老幼减刑的制度。如十五岁以下的未成年人犯罪的，罪重的减三等，罪轻的减一等；六十岁以上的老人无论犯大小罪，都可减刑。这个原则对后世很有影响。

《法经》基本上是一部诸法合体，以刑为主的刑法和刑事诉讼法典。在当时的历史条件下，它对于废除旧的奴隶制政治法律制度和巩固新兴的封建制度，对于魏国的"富国强兵"都起了重大的作用。《法经》所确立的封建法制的基本原则和体系，对后世法制的影响尤为巨大。公元前361年，商鞅就是带着《法经》到秦国进行变法的，只是改法为律。所以，《法经》是秦律的渊源，而秦律又是汉律的基本构成部分。可以说，整个封建社会的法律都是在《法经》的基础上发展起来的。

《法经》虽然本质上是地主阶级镇压农民的法律，但在当时的历史条件下，对于废除旧的奴隶制政治法律制度和巩固新兴的封建制度，对于魏国的富国强兵，都起了巨大的作用。《法经》所确立的封建法制的基本原则和体系，对后世封建法制的影响尤为巨大。战国时期，它就被商鞅接受，用来治理秦国。西汉建立后，丞相萧何制定汉律时，也是以《法经》为蓝本，又新增加《户》《兴》《厩》三篇，合为九章，这就是著名的《九章律》。汉以后各朝的法律，在因承汉制的基础上不断完善，但"王者之政莫急于盗贼"的指导原则从未改变。

 ## 华夏文明的大变革：商鞅变法

商鞅（约前395—前338）是战国中期一位著名的法家代表人物。他原是卫国人，姓公孙氏，名鞅，所以人们称他为卫鞅或公孙鞅。后来在秦国变法有功，受封商邑，号"商君"，因而历史上又称他为商鞅。"鞅少好刑名之学"（《史记·商君列传》），其政治法律主张见于后人辑录的《商君书》。

商鞅变法之前，秦国的封建经济虽然有所发展，但奴隶制残余仍严重存在。与中原大国比较，秦国在政治、经济上都远为落后，被各诸侯国视为夷狄之邦，连参加会盟的资格都没有，其贫弱情景可想而知。如不变法图强，则"非侵于诸侯，必劫于百姓"（《商君书·慎法》，以下引《商君书》只注篇名）。

秦孝公在内外压力下，下令求贤。公元前361年，商鞅携带李悝的《法经》到了秦国，深得秦孝公的信任，被封为"左庶长"（秦爵位共二十级，左庶长是第十级）。公元前359年，商鞅在秦第一次变法。新法在秦实行十年，大见成效。公元前352年，秦孝公封商鞅为"大良造"（爵位第十六级，相当于丞相兼将军）。公元前350年，商鞅又进行了第二次变法。商鞅在秦执政二十年，变法是他一生中最主要的政治实践。

从前文简述可知，商鞅两次变法的主要内容如下。

第一，废除奴隶制的"井田制"，奖励开荒，承认土地私有，允许自由买卖，按土地多少抽税。

第二，废除奴隶主贵族的世卿世禄制度，建立地主阶级的等级制。实行军功爵，共分二十级，按等级不同分别占有土地、住宅、奴婢及享有车骑、衣服等。没有军功者虽富不能尊荣。

第三，废除奴隶制的分封制，普遍推行县制。全国设立三十一县，县令和县丞由国君任免。

第四，实行编户制和"连坐"法。凡境内居民重编户籍，以五家为"伍"，十家为"什"，互相监督。一家作奸犯法，别家必须告发，否则十家连坐受罚。

第五，奖励军功，禁止私斗。军民有功于国家者，依军功大小分别授予爵位、田宅。私斗者按情节轻重，受不同刑罚。

第六，崇本抑末，奖励耕织。凡是努力生产给国家交纳粮食粟帛多的人，可以免除本身徭役。工商及游手贫民，连同妻子没入官府为奴隶。

第七，鼓励小农经济，凡户主有两个儿子以上者，成年后必须分家独立谋生，否则加倍出赋税。

第八，制定秦律。按李悝《法经》制定秦国法律，颁行天下遵守。

第九，统一度量衡。

第十，烧诗书，禁游学，在思想文化领域内强化地主阶级专政。

商鞅变法是秦国以封建制全面取代奴隶制的转折点。在这场充满着新旧势力激烈搏斗的变革中，商鞅进一步发展了法家思想，提出了一套系统的"法治"理论，为新兴地主阶级提供了锐利的思想武器，为新法的推行开辟了道路。

商鞅法治学说的一个中心是"一任法治"。他把法看作治理国家的唯一手段，判定是非功罪的唯一准绳："法令者，民之命也，为治之本也。"他主张国君"任法不任私"，因为近臣的私议，大都是反映旧贵族要求的，是法的大敌，所以"任私"就会造成国乱。他要求国君"任法不任贤"，认为如果任用"贤人"，国君就会受欺骗，就会使污吏有机可乘，使小人施其巧诈，导致法制的毁坏。因此，他坚决反对"举贤能"，强调"一任于法"。"法治"较之"人治"，更有利于巩固地主阶级政权，但商鞅把"任法"与"任贤"完全对立起来，过分地强调法而忽视人的作用，则是片面的。

商鞅指出，实行"一任法治"有其历史的必然性。他把"古之民"与"今之民"做了比较："古之民朴以厚，今之民巧也伪""民愚，则知可以王；世知，则力可以王。"（《开塞》）意思是，古代人忠厚朴实，愚昧无知，那时凭着智慧可以统治天下。如今人民奸巧浮荡，靠智慧统治是不行了，必须用暴力进行统治。又说："民之生，饥而求食，劳而求佚（通逸），苦则索乐，辱则求荣，此民之情也……今夫盗贼上犯君上之所禁，下失臣子之礼，故名辱而身危；犹不止者，利也。"（《算地》）在商鞅看来，人的本性是自私自利的，就像人饿了要求吃饭，疲劳了就要休息，痛苦时就寻找快乐，耻辱时追求荣誉一样，是人之常情。为了求荣、求利，他们不顾名声和生命危险去触犯国家的制度和各项规定，因此，要统治人民，就不能对他们讲什么礼义，而只能"一任于法"，用暴力进行镇压。可见，商鞅提倡

"法治"的基本出发点，是为了更有效地实行对劳动人民的专政，维护新的封建剥削制度。

商鞅变法发生在封建社会的初期，虽然他的法治理论和变法措施有残酷镇压广大劳动人民的一面，但是，新法关于废除奴隶制、井田制、分封制、世卿世禄制和加强封建中央集权、奖励耕战等重大措施，在客观上是符合人民要求和顺应社会发展规律的。经过变法，秦国加强了新型的地主政权，国家很快富强起来，一跃成为战国七雄中最强的国家。

在商鞅变法过程中，始终存在着变法与反变法的激烈斗争。商鞅以大无畏的气概，同旧奴隶主贵族和保守势力进行了坚决斗争，保证了新法的推行。然而，商鞅的变法走的是自上而下的变法路线，所以当公元前338年支持变法的秦孝公死后，旧贵族便起来对商鞅进行报复，诬告他企图谋反。新登基的秦惠王（即太子驷）对商鞅也有怨恨，便借机逮捕商鞅，将他车裂示众，全家也被杀害。由于商鞅的新法已在秦国深深扎根，所以他死以后，商鞅的新法仍然相沿不断，为以后秦始皇统一中国奠定了基础。

法家思想的集大成者：韩非子

韩非子（约前280—前233）名韩非，是先秦法家思想的集大成者。战国末期韩国人，出身于贵族世家，是荀况的学生。他曾多次上书韩王，建议变法图强，均未被采纳。之后退而著书立说，作《孤愤》等十余万言。不久，这些文字传到秦国，秦王政（即秦始皇）看后极为钦佩，感叹地说："寡人得见此人与之游，死不恨矣。"（《史记·韩非列传》）公元前233年，韩非子出使秦国时被留，未及秦王信任，便为人所陷害，死在狱中。他的著述被后人收集在《韩非子》一书中，共五十五篇，从思想体系看，大部分出于韩非子之手。

韩非子在继承以往法家思想的基础上，总结了他们在政治实践中的经验教训，并进一步加以发展，形成了一套完整的"法、术、势"结合的法家思想体系，为秦建立统一的中央集权的封建专制主义制度提供了理论武器，对以后两千多年的中国政治产生了极其深刻的影响。

韩非子站在新兴地主阶级的立场上，极力主张"废先王之教"（《韩非子·问田》，下引《韩非子》只注篇名），"以法为教"（《五蠹》），即废除旧的奴隶制礼教，实行封建法治。韩非的法治思想，是以彻底否定礼治、专讲法治为特色的。他说："治民无常，唯治为法。"（《心度》）又说："言行不轨于法令者必禁。"（《问辩》）这就是说，治国治民只能用法治这一种手段，人们的言行，除法以外，不允许有任何标准。这种专任法治的思想，是以他的历史进化观及其社会伦理思想为理论基础的。

韩非子适应当时封建地主阶级即将取得统一政权的形势，提出了以法治为主的法、术、势结合的法律思想。这一思想，是韩非法治理论的核心。

从前文可知，法家思想在战国前期、中期的封建改革时期尚未统一。譬如，商鞅重法，申不害重术，慎到重势。而韩非子"观往者得失之变"，总结了商鞅、申不害和慎到三家的思想，克服了他们学说中的片面性，提出了完整的法治理论。他指出，商鞅变法而成果却被篡夺，这是"徒法而无术"的结果；申不害"徒重术而无法"，致使前后法令不一，新法不能实行；慎到重势，法、术也不完善。为此，他主张法、术、势三者结合一体使用。

韩非子将法、术、势三者有机地结合了起来，使封建中央集权的法治理论更为完善。他的这一学说在当时的历史条件下，有其一定的进步意义。但是，这种理论具有明显的阶级性，集中到一点，就是如何统治人民。

韩非子法治理论较以往法家的思想而言，最突出的特点就是主张实行高度的君主集权。他说君主天生比别人高超，因此天下必须由君主治理。他认为："能独断者，故可以为天下主。"（《外储说右上》）即做君主的只有独裁，才能治理国家。他竭力宣扬权势"不可以借人"（《内储说下》）和"君臣不同道"（《扬权》）的观点，说君主决不可与任何人分享政权，大权千万不能旁落。而臣下的职责，就是为君主效命。

韩非子提倡法治的重要目的，是要建立起"事在四方，要在中央；圣人执要，四方来效"（《扬权》）的封建中央集权国家。即事情虽然是分由各地方去办，但领导权必须掌握在中央手中，只有君主操有领导权，各地方才能服从和执行国家的法令。

为了保证实行封建中央集权，韩非子主张，君主要时刻提防臣下篡权。他说："凡人主之国小而家大，权轻而臣重者，可亡也。"（《亡征》）。意思是，如果君权旁落，大臣权重，就有亡国的危险。又说："人主之患在于信人，信人则制于人。"（《备内》）他把信任臣下视为君主最大的祸患，说这样就会被臣下所控制，招来亡国之祸。为了确保君主"独断"，他主张建立起严密统治人民的政治体系和官僚制度，要君主严密监视各级官吏，并通过各级官吏控制人民。他主张禁绝一切思想解放和文化教育，"明主之国，无书简之文，以法为教，无先王之语，以吏为师"（《五蠹》），即除了执行法律之外，不允许有任何与法令、"吏学"不同的思想存在。他还提出要广泛运用特务手段，"察奸""惩奸"并奖励"告奸"。

在战国末期群雄割据混战的历史环境下，韩非子的"法治"思想，适应于当时建立统一的封建中央集权制国家的政治需要，因而曾经在历史上发挥过积极作用。但是，他没有看到人民创造历史的伟大作用，把社会发展看成"有圣人作"的结果。这是其思想学说中所表现的时代性和阶级局限性。

韩非子像

燕昭王招贤励志图强

　　燕是七国之中最晚实行改革的国家。战国初年，燕国的疆域辖有现今北京、河北省北部和辽宁省西南部。燕国四周的邻国，东有朝鲜，北有林胡、楼烦，西与中山国、赵国交界，东南与齐国为邻。国都蓟（今北京西南）。

　　公元前361年，燕文公即位，燕开始与中原各大国频繁交往，参与秦、楚、齐、魏、赵、韩等国的相互角逐，成为"七雄"之一。公元前320年，燕王哙即位。此时，变法之风早已吹遍中原大地，各国相继实行社会改革，成绩显著，国富兵强。在各国变法风气的影响下，为着与中原大国并立于世，燕王哙开始了他在燕国的改革活动。《韩非子·说疑》对此有所记载："（燕王哙）不安子女之乐，不听钟石之声，内不湮污池台榭，外不罼弋田猎，又亲操耒耨，以修畎亩。"这同各国变法之君的励治图强、重视发展农业生产，有着相似的情形。

　　战国时期的各国变法，明君之下无不有一名贤相辅佐，为之主持变法事宜。效法他国变法的燕王哙，也需要这样一位助手。但他任用的国相子之，却是一个大阴谋家。

　　燕王哙即位之前，子之已在燕国为相。燕王哙即位后，子之"贵重而主

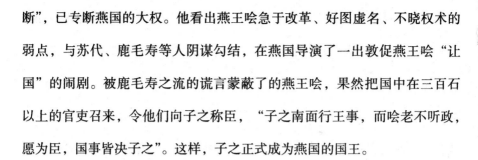

断"，已专断燕国的大权。他看出燕王哙急于改革、好图虚名、不晓权术的弱点，与苏代、鹿毛寿等人阴谋勾结，在燕国导演了一出敦促燕王哙"让国"的闹剧。被鹿毛寿之流的谎言蒙蔽了的燕王哙，果然把国中在三百石以上的官吏召来，令他们向子之称臣，"子之南面行王事，而哙老不听政，愿为臣，国事皆决子之"。这样，子之正式成为燕国的国王。

不出三年，燕国大乱，百姓怨恨，将军市被谋划叛乱。公元前314年，齐国乘燕国内乱，派匡章率兵攻燕。燕人痛恨子之的暴政，"士卒不战，城门不闭，燕王哙死"。子之被擒后亦被处死。由于燕王哙的让国、子之的暴政及其所引起的内乱，齐兵竟"三十日而举燕"，燕国遂破。

齐军攻破燕国后，在燕国的暴行引起了燕国人民的反抗，齐兵被迫撤离燕国。公元前314年，赵国召燕公子职于韩，派乐池送回燕国，立为燕王，是为燕昭王。

燕昭王即位后，收复破亡的燕国，随即"卑身厚币，以召贤者，欲将以报仇，故往见郭隗先生"，向郭隗请教"以国报仇"之道。郭隗回答说："王诚博选国中之贤者而朝其门下，天下闻王朝其贤臣，天下之士必趋于燕矣。"接着，燕昭王问郭隗："寡人将谁朝而可？"在正面回答这个问题之前，郭隗先是向燕王讲述了一位古代的国君千金求千里马的故事："臣闻古之君人有以千金求千里马者，三年不能得。涓人言于君曰：'请求之。'君遣之，三月得千里马，马已死，买其首五百金。反以报君，君大怒曰：'所求者生马，安事死马而捐五百金？'涓人对曰：'死马且买之五百金，况生马乎？天下必以王为能市马，马今至矣。'于是，不能期年，千里之马至者三。"

郭隗讲完这则历史故事后，便点明他叙说这则故事的主题："今王诚欲致士，先从隗始。隗且见事，况贤于隗者乎，岂远千里哉！"郭隗还说：

"王诚欲兴道，隗请为天下之士开路。"燕昭王采纳郭隗的意见，为郭隗大

筑宫室，拜郭隗为师，以事师之礼待之，结果，如《说苑·君道》所言：

燕王常置郭隗上坐南面居三年。苏子闻之，从周归燕；邹衍闻之，从齐归

燕；乐毅闻之，从赵归燕；屈景闻之，从楚归燕。四子毕至，果以弱燕并

强齐。此外，《战国策·燕策一》在提到乐毅、邹忌之后，还谈到"剧辛自

赵往，士争凑燕"。

燕昭王从郭隗讲的千金求千里马的故事中受到启发，"为隗筑宫而事

之"。他这种礼贤下士的行动，向天下宣告了燕国对待知识分子的新政策。

实行三年，果然大见成效：乐毅、苏代、邹衍、屈景、剧辛等名士分别从

赵、周、楚、齐等国来到燕国。燕昭王正是依靠这些来自天下的贤能之士，

在燕国开始了社会改革。

乐毅是燕昭王所招来的贤士中的佼佼者。他是魏文侯手下名将乐羊的

后代。乐毅由赵入燕后，被燕昭王任命为亚卿，并协助燕王在燕国实行社

会改革。

燕昭王改革的主要内容，可见于《史记·乐毅列传》所载乐毅的《报遗

燕惠王书》的追述之辞，共有三个主要方面。

第一，"不以禄私其亲，其功多者授之"。

如乐毅本人，便因有功由亚卿受封为昌国君，"比小国诸侯"。其他如

苏代"复重于燕"，"以寿死，名显诸侯"。至于为招贤纳士有"开路"之功

的郭隗，更是受到燕昭王的厚遇。可见，燕昭王在燕国确已实行了"食有劳

而禄有功"的原则。

第二，"不谋父兄"，"察能而授官"。乐毅在《报遗燕惠王书》中说：

"先王过举，厕之宾客之中，立之群臣之上，不谋父兄，以为亚卿。"又说："察能而授官。"所谓"谋父兄"，是西周、春秋时期任用官吏时的一条惯例。燕昭王任用乐毅担任立乎"群臣之上"的亚卿时，不谋于父兄，表明他已冲破世卿世禄制的藩篱，在实践中执行了"察能而授官"的原则。又如苏代，由于他参与子之的篡国，燕昭王即位后，他"不敢入燕"。当燕昭王确知苏代愿为燕国效力后，他不计前嫌。事实表明，燕昭王确实在燕国实行了"不以禄私其亲""察能而授官"的政策。

第三，"修法令，慎庶孽，施及乎萌隶"。

《报遗燕惠王书》所载此项改革措施，《战国策·燕策二》作"循法令，顺庶孽者，施及萌隶"。所谓"修法令""循法令"，是说修订及执行法令，是燕昭王改革的一项重要内容。"慎庶孽""顺庶孽"，是指对卿大夫士的"庶子"或"众子"，应在政治上、经济上给予合理的待遇，不得予以歧视。而西周、春秋时期在分封制度和宗法制度下，嫡子与庶子、众子在地位和待遇上的区别，则是十分严格的。"萌隶"即"氓"，原指不享有公民权利的"野人"而言。燕昭王的"施及乎萌隶"，则是用法律的形式承认野人的"平民"地位，赋予他们相应的权利与义务。乐毅把"修法令，慎庶孽，施及乎萌隶"称之为"可以教后世"的大法，希望燕惠王能把它坚持下去。可见，这项政策也是燕昭王、乐毅改革的重要内容之一。

扩展阅读　五张羊皮换相国

　　秦穆公是春秋五霸之一，他为了振兴国家，称霸天下，千方百计搜罗人才，相国百里奚就是他用五张羊皮换来的。

　　百里奚是虞国人，从小家里很贫穷，到处漂泊流浪，三十多岁才娶了媳妇，妻子认为他有大才，鼓励他出外谋事。

　　于是，百里奚先来到齐国，想求见齐襄公，因为无人引荐，只好靠要饭过日子。他流落到宋国，遇到了一个叫蹇叔的隐士，两个人成了好朋友。

　　后来，两个人又回到了虞国，经蹇叔的一个朋友推荐，百里奚当上了虞国的大夫。虞国国君因为贪小便宜，不听劝告，被晋国灭掉，百里奚也成了俘虏。

　　晋献公要重用百里奚，但百里奚不肯在敌国做官。晋献公有个女儿嫁给了秦穆公，晋献公便把百里奚作为女儿陪嫁的奴仆，送给秦国。在去秦国的途中，百里奚趁人不注意偷偷地逃跑了。他跑到楚国，没想到刚一进入楚国国境，又被楚国边民捉住了。楚国人把他当作奸细，派他去养牛、看马。

　　秦穆公结了婚，发现陪嫁礼单上有百里奚的名字，却没有这个人，就去问晋国迎亲的公子絷。公子絷说："他是虞国人，是个不肯在晋国当官的亡国大夫。"

秦穆公觉得这个人很有骨气，便问公子絷从晋国带来的武士公孙枝，公孙枝说："他是个很有本领的人，可惜怀才不遇，无施展才能之地。"

秦穆公听了更加爱惜，于是派人四处寻访，后来打听到百里奚在楚国看马，就准备了贵重的礼品打算送给楚成王，把他换回来。

公孙枝听到后，连忙赶来阻止秦穆公："大王千万不能这样做。楚国人让他看马是不知道他的本领。要是这样去请他，就是要告诉楚王，秦国要重用他，楚王必定不放他出来。"

秦穆公恍然大悟，于是按照当时奴仆的一般价格，派人带着五张黑羊皮去见楚成王，说："老奴仆百里奚在秦国犯了法，现在躲在贵国，请让我们把他赎回去，重重地罚他，为秦穆公出出气。"

楚成王听了也没有怀疑，就收下了羊皮，命人把百里奚逮住，关进囚车，交给了秦国的使者。

百里奚一进入秦国国境，见大夫公孙枝正在等候迎接，公孙枝陪同百里奚一起到秦的国都。秦穆公看到百里奚已经满头白发，没想到这么老了，有些失望地问："先生多大岁数？"

百里奚说："我还不到七十岁。"秦穆公惋惜地说："可惜先生太老了。"

百里奚说："大王如果派我上山打老虎，我确实是老了。如果同我坐下来商议国家大事，我比姜太公还年轻！"

秦穆公觉得他说的话有道理，就邀请他单独深谈。经过几次长谈，秦穆公感到百里奚真是难得的人才，就要请他当相国。

百里奚十分感激，很惶恐地问秦穆公说："我是一个低贱的亡国俘虏啊，怎么担得起你这样看重?"

秦穆公连忙向他解释说："你的情况我很清楚。你过去虽然是虞国的大夫，但虞君并没有很好地任用你，虞国的灭亡不是你的过错。"

百里奚又说："我是微不足道的，我的朋友蹇叔要比我强得多，大王要想干一番大事业，就把他请来吧!"

秦穆公听说有更能干的贤才，就派公子絷把蹇叔请了来，拜蹇叔为右相，百里奚为左相。蹇叔的两个儿子也很有才能，都拜为大夫。

这时，百里奚的妻子带着儿子孟明视也逃难来到秦国，和百里奚相逢了。秦穆公听说孟明视是一员猛将，也拜为大夫。秦穆公做梦也没想到，五张羊皮竟然使他得到两个相国、三个大夫。

秦穆公重用这些贤才，使秦国很快强大起来。

第四章

天时携地利
——春秋战国的商业文明

自春秋后期以来，铁制农具的推广、牛力垦种的使用、耕作技术的改进、水利灌溉的发展等，使农业生产力有极大的提高。农业劳动者由奴隶转为农奴，再由农奴升为个体小农，生产积极性也极大增长，由此推动了春秋战国时代的商业发展。

商业发展新契机

随着生产的增加，人们有越来越多的剩余产品要求出售，也需要购买生活生产资料。与个体农民的成长相并行，许多手工业奴隶也得以解放，成为独立的手工业者，其产品是以出售为目的，不投入市场就不能换到生活必需品和生产原料。同时，山泽之利陆续开放，青铜、冶铁、煮盐等主要手工业在很多地区归私人经营，改变了过去手工业由官府垄断的格局。所有这些，都促进了商品交换，扩大了市场容量。再加上城市的兴筑，交通的开辟，政治局面的逐渐趋于统一，物资得以在更大范围内畅顺流通，商业的发展更具备了前所未有的良好条件。

这一时期商业的发展重点在剥削阶级及其服务群集中的城市。城城之间的商品交换占主要的地位。各国统治者所居的都城，以及位于交通枢纽的货物集散之处，繁荣程度不等。如商业发展较早的齐国都城临淄，春秋时已很热闹。相国晏婴之宅近市，"湫隘嚣尘"，别人劝他搬个新居，而他以"朝夕得所求"即买东西方便为由而谢绝。到战国时期，临淄户数更达七万，"其民无不吹竽、鼓瑟、弹琴、击筑、斗鸡、走狗、六博、蹴鞠者"。（《史记·苏秦列传》）虽不无夸张，但也可见临淄的繁华景象。像临淄那样或稍逊于临淄的城市，战国时有十几个，商业都很活跃。楚国的都城郢

（今湖北江陵），城内人挤人，甚至"朝衣鲜而暮衣敝"，连后起的秦都咸阳，也是"四方辐凑并至而会"，城市商业很繁华。

春秋战国时期商业突飞猛进地发展，是以当时整个社会经济的发展为基础的。此时期农业发展达到了较高水平，牛耕和铁农具开始出现并得到一定程度的推广，人们懂得了施肥可以保持地力的道理，并且修建了许多农田水利设施。例如著名的鸿沟灌溉系统、引漳溉邺水利工程、郑国渠、都江堰等，都是这一时期修建的。手工业、家庭副业也得到相应的发展。工农业的发展，推动了各行各业的发展，促进了人口的增加和城市的繁荣。赵国名将赵奢说："古者……城虽大，无过三百丈者，人虽众，无过三千家者……今千丈之城、万家之邑相望也。"（《战国策·赵策》）《晏子春秋》中记载，晏子出使楚国时曾讲：齐国都城临淄"张袂成阴，挥汗成雨，比肩继踵而在"，形容其人口众多，我们也可从中体会到临淄商业的繁荣程度。到了战国时期，苏秦又形容临淄"车毂击，人肩摩，连衽成帷，举袂成幕，挥汗成雨。家敦而富，志高而扬"（《战国策·齐策》）。苏秦在沿用了晏子的话之外，又加上了"家敦而富"等描述。显然此时临淄的繁荣又超过春秋时期。

由于各地之间商业往来的增加，有些地方的土特产品具有较高的知名度。如《吕氏春秋·本味》篇中就讲到"洞庭之鳟，东海之鲕""阳华之芸，云梦之芹，具区之菁""阳朴之姜，招摇之桂，越骆之菌""不周之粟""江浦之橘"等。李斯《谏逐客书》则讲到"江南金锡，西蜀丹青"等。《荀子·王制》更讲到全国性的物资和商品的大交流："北海则有走马、吠犬焉，然而中国得而畜使之；南海则有羽翮、齿革、曾青、丹干焉，然而中国得而财之；东海则有紫紶、鱼盐焉，然而中国得而衣食之；西海则有皮革、文旄焉，然而中国得而用之……故天之所覆，地之所载，莫不尽其美，致其用。"

　　为了给商业活动提供场所，同时也为了加强管理和征收商税，各城邑纷纷设置了"市"。到了战国时期，连偏僻的小县也建立了市，如马王堆出土《战国策》言及魏国东部有"大县十七，小县有市者卅有余"。官方在市上设有专门的官吏，古籍记载春秋时期的有关官吏有"贾正""市掾""市令"等。《周礼》原本应是记述西周礼制的，但今人多认为它记述的内容主要反映春秋战国时期的情况。按照《周礼》所记，市中有负全面责任的司市，有负责处理纠纷的市师、胥师、贾师，有维持秩序的群吏，有执鞭守门的胥，还有质人、廛人、肆长、司稽、泉府等，各有专责。这当中可能有想象和夸张的成分，但当时市的管理相当完善是可以肯定的。

国际贸易"大贾"：管仲

在齐国开始由奴隶制向封建制国家的转化中，农村的井田耕者由群体奴隶转为份田农奴，但领主们还保持劳役地租的剥削方式，在公田上的徭役劳动者兴趣低下，怠工、逃亡无法阻止，公田荒秽不治，杂草丛生。齐襄公时，社会矛盾日益尖锐，各大国之间相互争夺土地和人民，战争频繁。继襄公之位的齐桓公，为了巩固统治且要在兼并战争中取得胜利，重用了商人出身的管仲为相。接触过下层人民的管仲，在其辅政期内，努力改革内政，实行许多有利于发展商业的政策：

第一，"通货积财"发展经济。管仲确立了"通货积财"的建国方针，所谓"通货积财"就是发展商品生产和商品流通，并通过商品流通取得利润，增加财政收入。

第二，官商和私商并存，形成官、私商业共存的格局。他一方面仍维持"工商食官"的传统，保证官营商业的主导地位，另一方面重用了一批"知价之贵贱，日至于市而不为官贾者"和"日至于市而不为官工者"的自由工商业者。官府给私营商业以一定的经营自主权，为私营商业的发展提供了较好的条件。

第三，通轻重之权。《史记》载："齐桓公用管仲之谋，通轻重之权。"所谓"通轻重之权",就是指由国家来经营主要商品（指粮食），掌管货币，平衡物价，调剂供求。管仲主张，在物多而贱即"轻"时进行收购，物稀而贵即"重"时进行抛售，以平衡过低过高的物价。并且，在一买一卖中，国家还可以获得一笔差价来充实财政收入。他的经商本领在齐国范围内得到充分施展。

第四，积极发展对外贸易。管仲是我国历史上第一位善于经营"国际贸易"的大贾。他采取了许多比国内贸易要自由得多的政策来发展对外贸易。他鼓励他国商人把齐国的鱼、盐和手工业产品输往各国，让商人自由出口而不纳税，"以为诸侯利"，促进内外交流的发展。为了招徕他国商人替齐国输出多余

管仲像

商品和输入齐国短缺的商品，管仲对商人实施了许多优惠措施：三十里置一驿站，积储食物以供过路者；在齐国的都城建立他国商人居住的客舍；凡过往的一辆四匹马车供给伙食，三辆商车供给马的刍饲料，五辆商车供给从人饮食。管仲还与各国订立通商盟约，规定相互之间，"毋忘宾旅""毋遏籴""降低关市之税"，以及修道路、偕度量，使商品在当时的国与国之间顺畅地流通。

管仲还利用别国的资源搞转手贸易。他把别国的产品很快地转手他国，用以扩大自己的对外贸易，从中赚取利润。从管仲处理商品的价格问题可

以看出他做买卖的手段是很高明的。据《管子》记述，他主张"天下高则高，天下下则下"，即本国商品的内销价格的水平必须随着"国际"的价格水平而上下浮动。如果"天下高我下"，本国商品必然外流，则财税利于天下，利益被他国夺去。但为了争夺市场，管仲有意识地降低某些国内剩余商品的价格，以利于对外销售。对本国短缺的商品，则提价，"天下下我高，天下轻我重"，以鼓励商品进口。

管仲在对外关系中还通过"商战"来制服别的国家。相传鲁、梁两国常与齐国冲突，因鲁、梁人民善于织绨，管仲提倡齐国从上到下穿绨，他告诉鲁、梁商人以金三百斤换绨千匹，在高价原则的引诱下，鲁、梁两国放松农业而专心织绨。随后管仲则又令齐人一律不穿绨服，并封闭边关不与鲁、梁通商，鲁、梁的绨卖不出，又缺乏粮食，谷价涨至百钱一石，而齐国的粮食增产每石谷只十钱，但不许外流。鲁、梁的百姓有十分之六投奔齐国，鲁、梁之君只得屈服于齐。在制服邻近小国的过程中，管仲的政策是以经济手段为主的。

第五，"四民分业"。中国历史上，管仲是第一位提出以"士、农、工、商"划分社会为四大群体的。他主张"四民分业"，把商业从工商中分离出来。

管仲发展国内商业和对外贸易，一方面是借助外来商人，另一方面是依靠本国官商和一部分私营商人的力量。除了国内盐、铁等主要商品的运输、售卖要由官贾来做外，准许私商把盐运到国外出售；皮币好玩之物，由本国的官私商业共同销售。同时，商人们还有借通行各国之机，以探知政情的使命。但是，管仲对商人的管理仍然是十分严格的。据《国语·齐语》记载，管仲在整顿地方组织中，制鄙（农村）为五属，制国为二十一乡，士之乡为十五，工商之乡六，对士农工商分别设官管理，官商和私商都集中住在一起，在专设的乡里，按人口编制起来，不许随便迁移。

"四民分业"各定居其地不使杂处。把"四民"分别控制起来，以扭转当时"四民"已经开始流动、杂居的倾向。管仲认为"食于官"的商业奴隶和私人商贾聚居一处，子孙世袭下去的好处很多，他是主张商业劳动力要一代一代地传下去的。

管仲"设轻重鱼盐之利，以赡贫穷，禄贤能，齐人皆悦"。他重视商品流通的政策为齐国带来了极大的好处。所以，他的商业政策在其死后的很长一段时期内为齐国所奉行，所谓"管仲卒，齐国遵其政，常强于诸侯"。

一代儒商：子贡

公元前 5 世纪初，在来往奔走于曹鲁之间的商人队伍中多了一位风度翩翩的书生。人们惊奇地发现，这不是孔子的得意门生子贡吗？孔门弟子弃文从商的消息不胫而走，家喻户晓，人们争先一睹他的风采，购买他的货物。

子贡，姓端木，名赐，字子贡，春秋末年卫国人。他与颜回、子路并称为孔子三大著名弟子。

子贡师事孔子，使他养成了尊敬师长、谦虚谨慎的优良品德，他在维护孔子形象和名誉方面不遗余力。一次，有个反对孔子学说的人当面非难孔子，看着老师受到诽谤，子贡挺身而出，反驳道："任你怎样说，我们先生是毁谤不了的。别人的伟大只是像山丘一样，只要经过努力，一般人就可以逾越他。我们先生孔夫子的伟大，则像天上的太阳和月亮一样，无人能够超越。"他还进一步讽刺那人："也有人自绝于太阳和月亮，可太阳、月亮并没有因此就不放射自己的光芒。"

一个名叫叔孙武叔的人对鲁国大夫说，子贡比孔子还要贤良高明。子贡听说后十分不安，坚决予以辩正。他说："我和先生，就好比房子外面不同的两堵围墙一样，我的围墙只有肩膀那么高，人家毫不费力就可以看到围墙里面的美好。而我们先生的围墙有好几丈高，不从他的门进去，是看不见里面的美好东西的。很少有人能登堂入室，真正理解先生的学问。叔孙武叔有那样的看法，也是十分自然的。"

公元前 479 年，孔子去世，众多弟子在孔子坟上守墓三年。三年期满，其他弟子相继离开，子贡还不忍离去，又独自守了三年。

子贡尊师重道的品德与当时礼崩乐坏的环境形成了鲜明对比，在人们心目中留下了美好的形象，也为他从商带来了许多便利。真正说起来，子贡实际上是一位政治家出身的经商奇才。

公元前 489 年，齐国田常率军来犯，鲁国危在旦夕。当时的鲁国是个小国，处在晋国、齐国和楚国三大强国的夹缝之中，常常遭到这些大国的欺侮。鲁国又是孔夫子的祖国和祖坟所在，孔子自然十分着急。子路、子张、公孙龙等孔门弟子纷纷毛遂自荐，请求出使齐国，制止侵犯。孔子十分了解他的学生的才能，他明白只有子贡才能担当此任。

子贡到了齐国，指责田常说："你讨伐鲁国实在是大错特错。鲁国本来是个地狭兵弱的小国，我不知道消灭鲁国对你有什么好处。如果讨伐吴国，对你则是有益无害的……"如此这般，终于说得田常放弃了伐鲁的念头。他又来到吴国，对吴王说："齐以万乘之国却去攻打弱小的鲁国，现在是吴国伐齐救鲁建立霸业，扬名天下的时候了，机不可失，时不再来，望大王三思!"说得吴王心花怒放。子贡又马不停蹄来到越国，对越王勾践道："吴国是越国的死对头，现在它要去攻打齐国，如果败给齐国，此乃越之大幸。如果侥幸取胜，我们越国可联合晋国，一举打败吴国。"越王勾践大喜，赠给子贡黄金百镒、宝剑一把、良矛两支。

正如子贡预言的那样，齐国伐鲁不成，反而被吴国打败，吴王又乘胜去攻打晋国，却被晋军所败，越国乘机出兵吴国，包围王宫，杀死夫差，灭了吴国。司马迁称赞道："子贡一出，存鲁，乱齐，破吴，强晋而霸越……十年之中，五国各有变。"

公元前488年，鲁哀公与吴王在鄫（今山东峄境内）会盟。在会上，吴王竟提出鲁君给吴国送牛、羊、猪各一百头作为祭品的无礼要求。鲁哀公不敢拒绝，又不愿答应。身为鲁大夫的子贡，再一次显露出他的才华，说服吴王放弃了无礼要求。他对吴王说："送那点东西，对鲁国来说不成问题，可我害怕君王不敢接受呢！试想，吴国和鲁国都是周天子的侯国，地位完全平等，两国都有义务给周天子贡送礼品，哪有鲁国给吴国送礼的道理？再说，当今各国都在寻找进攻别国的借口，这不正给一些国家攻打吴国提供了借口吗？这样下去，吴国灭亡的日子已为时不远了。"吴王只得罢休。

这两件事，为子贡赢得了极大的声誉，使子贡成了鲁国的救星，成了人民心目中崇拜的偶像。这样一位政治上颇有成就的儒家人物，也是一位经商能手。

子贡十分重视市场预测。这一点也是深受儒家思想中的"凡事预则立，不预则废"的影响。他在经营某种商品之前，早已掌握了市场上对该货物的需求量及其价格。他敢于做那些别人不敢做或没开始做的生意。当时人们对他十分佩服，连孔子也不禁夸奖他："子贡真有本事啊！他能不依赖官府的帮助，就能准确估计商品的贵贱，并且屡猜屡中，可真了不起！"此言出自"罕言利"的孔子之口，确实说明了子贡经商术的高明。

子贡经商另一高明之术就是所谓"好废举"。这其实是对市场预测的具体运用，他当时已认识到某种商品价格下降并不一定是需求量的减少，而是因为从事这一货物经营的人增多，货源增加，供过于求，价格必然下降。

因而当货物价格下跌，别的商人急于出手，把这些货物当作不赚钱的东西卖出时，他却大量收购回来，等待时机。待过了一段时间，经营者越来越少而需求量并未减少，价格必然上涨，不值钱的东西很快又成了赚钱的东西。人们形象地称子贡这种颇为独特的经营方式为"废举"。

子贡善于搞好与各诸侯国的关系。春秋末年，侯国林立，各国都有自己的商业政策，阻止自己国家的货物外流。子贡充分认识到这一点，他利用自己的声望和影响，使他的货物在各国能畅行无阻。他把鲁国的盐、北方的皮革贩运到南方，又从南方运回木材和大米，很快成为天下闻名的大富翁。每到一国，各国诸侯王"莫不分庭与之抗礼"。

子贡认为经商要有雄厚的资金。试想"废举"经营方式，如果没有雄厚的资金作为保证，是根本不可能的。

子贡在经商中的成功，也使他的老师孔子的声望日益显赫。司马迁早就意识到了这一点，从而发出"使孔子名布扬天下者，子贡先后之也"的感叹。"渊深而鱼生之，山深而兽往之，人富而仁义附焉。"一生经历坎坷、屡不得志的孔子，在九泉之下，面对弟子的成功，也该是欣慰的。

承前启后的郑国商业

继齐国商业发展之后，以商业著称于世的是郑国。

郑国是春秋中期的一个诸侯小国，所处地理位置很好，北接齐、曹，南连陈、蔡，东邻鲁、宋，西通周、晋，水道四通八达，是商业和交通的一个中心地带。它和齐国不同，是一个弱小的邦国，不是以本身丰富的资源和产品作为发展商业的条件，而是靠地处各国交往枢纽的有利地理位置，靠国内有一批具有丰富经验的商人，主要靠贩运贸易起家而达到商业兴旺发达的。郑国把发展商业作为基本国策，长时期内给予商人以优惠。

郑国重商是有其历史根源的，因为郑国建国之初就与商人有着密切的关系。

公元前806年，周宣王封其弟（即郑桓公）于今陕西西华县，桓公是周厉王的小儿子，当时周朝奴隶制已经是日薄西山。周宣王实在拿不出多少奴隶分给自己的老弟，只得把一批商人，即属于原来商族后裔的商业奴隶给了郑桓公。这就是子产所说的"昔我先君桓公与商人皆出自周"的故事。桓公得到封地后，带领这批属于商族后裔的商业奴隶"庸次比耦，以艾杀此地，斩之蓬蒿藜藋而共处之"。他依靠这批商人的帮助，共同开发封地。由于开发荒地，劳动繁重，商人们在郑国的创基奠业中起了决定性作用。

因此，郑桓公破例对商人做出了让步，不仅解除了他们的奴隶身份，给了他们自由民的地位，并且还给了他们一定的经营自主权，不把他们当作"食于官"完全由官府控制的官贾来看待。在春秋诸国中，郑桓公是第一个废除"工商食官"制度的。当时郑桓公为巩固自己的统治，与商人订了一个盟约，即"尔无我叛，我无强贾，毋或丐夺。尔有利市宝贿，我勿与知"。这个盟约译成白话的大意是：只要你们商人不背叛我郑桓公，我就不强买或夺取你们商人的财宝和货物，也不干涉你们商人的经管，你们发了财、赚了利，有了值钱的宝物，我也不过问。由于双方"恃此誓言，故能相保"。双方合作得很好。郑国的国力也得以很好地发展。一个弱小的郑国，处于四面受敌境地的郑国国君，一靠地理上的缓冲条件，二靠本国商人在政治上、经济上的支持，在列强的夹缝中生存着。在二百多年中，郑国历任国君一直遵守郑桓公与商人的盟约。因此，郑国的商人在政治上也能获得有利的地位，商业日益发展起来。

有了郑桓公与商人的盟约，郑国商人与郑国公室相互依存。为了保护郑国的利益和生存，郑国商人中出现了不少以国家大计为重，富有爱国之心，忠于"祖国"，保卫"国家"的爱国者。

弦高犒师智退秦军就是一个商人救国的故事。

据《左传》记载：公元前627年，秦穆公为了夺得郑国这块水陆交通四通八达、商业繁荣昌盛之黄金宝地，决定出兵伐郑。秦穆公令大将百里视和副将西乞术、白乙丙率领大军企图偷袭郑国，一举灭郑。秦国的这一战争行动，郑国根本没有发现，国内没有任何御秦准备。郑国商人弦高在去周都洛阳做买卖的路上碰到秦国的军队，料定秦军必是来偷袭郑国。国家大难当头，面对亡国危机，弦高出于对祖国的热爱，决心阻止秦军的侵犯，挽救国家的危亡。他心想：凡是偷袭别国的人，都要趁人不备，如果秦军知道郑国有了准备，就有可能使秦军不敢贸然进犯。于是弦高一面派人星夜赶回郑国报信；一面大胆沉着地拿出十二头牛和四张牛皮，假装奉了郑国国君之命前来犒赏秦军。他主动去求见秦将，对他们说："敝国的国君听说贵军要路过敝国的都城，特意派我来慰劳你们及从者，贵军如果愿意歇歇脚，我们将准备一天粮草来招待，如果不愿停留，我们就担任一夜的警卫，明天护送贵军去敝国。"郑国国君接到弦高的警报后，立即加强戒备、严兵以待秦师。秦国的将领们听了弦高的话后，暗自商量：郑国已有准备，不可能以偷袭取胜了。如果攻之不克，困之无继，倒不如赶快回去。于是放弃了偷袭郑国的计划，郑国便得以保全。郑国国君要重赏弦高，弦高不受。弦高犒师智退秦军的故事说明：在国家惠商政策保护下的商人系自身存亡于国家安危之中，忠心爱国。在大敌当前，国家危亡之际，敢于挺身而出，保卫祖国。

人们往往把商人同唯利是图画等号，实际上他们并非是一切向钱看的市侩小人，商人弦高的"忠君爱国之心，排患解纷之略"非同一般，确实令人敬佩。

知识链接

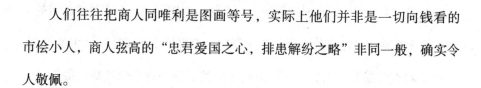

郑商救楚将

《左传》记载晋国与楚国大战，晋国大败。晋国大将荀罃被楚军俘虏，囚禁在楚国都城郢。有一个郑国商人来楚国做生意，得知荀罃被囚，便积极展开活动营救荀罃。他用重金买通了看守官员，准备把荀罃夹藏在自己

贩运货物的袋子里，偷偷运出楚国。正在谋划之中，楚国就释放了荀䓨。日后这个郑国商人来到晋国做生意，荀䓨像对待救命恩人一样敬待他。这位商人很谦虚地说自己没有功劳，不敢领受这种待遇，并自称"吾小人不可以厚诬君子"，就转到齐国经商去了。

 商圣范蠡的商业智谋

历史上的范蠡不仅是著名的谋臣，而且是个大商人。他善经营之术，被后世商人奉为祖师，古有"言富者皆称陶朱公"之说。

范蠡，字少伯，春秋时期楚国宛（今河南南阳）人，原本过着隐居的生活，后来被楚国宛令文种发现，步入仕途。但忠臣伍尚被楚王杀害的事实，给范蠡的心头蒙上了阴影，他认识到楚国的衰落和政治的黑暗，最后说服文种，一起投奔越国，成为越王勾践的重要谋士。

公元前 496 年，越王允常死，子勾践即位。吴王阖闾趁机兴师伐越。双方战于樵李，吴军大败，吴王阖闾也身负重伤，不久病死，临终前叮嘱其子夫差一定不要忘记复仇。勾践即位后，看到吴军日夜操练，秣马厉兵，准备报复，便不顾范蠡等人的劝告，决定先下手为强，率兵向吴师作战。夫椒之战，越兵大败，勾践率残兵败将五千余人被吴王夫差围困于会稽山上。

勾践惭愧地向范蠡求教："我因为不听先生的话才到了今天的地步。

我该怎么办才能摆脱困境呢？"

范蠡答道："事到如今，也没有别的办法，只有俯首称臣，乞求吴王的宽赦了。"

同时，文种又用美女、宝器等向吴太宰嚭行贿，终于得到了吴王的赦免。为了解除吴王的戒心，范蠡自愿去吴国做人质，两年后才被吴王送还。后来经过二十多年卧薪尝胆，在范蠡、文种辅佐下，越王终于攻破了吴国。

越王勾践雪会稽之耻，建立霸业后，自然没有忘记为他取胜立下汗马功劳的范蠡，封范蠡为上将军，又将会稽山赏赐给范蠡作为封邑。然而使人意想不到的事情发生了，范蠡竟驾船逃走，永远离开了越国。

范蠡清醒地意识到功高震主是十分危险的，他与勾践相处二十余年，深知勾践是一个只能同患难而不能共安乐的人，因此逃离会稽。事实证明范蠡此举是十分明智的，文种因为不听范蠡的劝告，最后被勾践处死。

他来到齐国，隐姓埋名，自号"鸱夷子皮"。鸱夷是用生牛皮制成的袋子，吴王杀死忠臣伍子胥后就曾将其尸体装在鸱夷之中。范蠡以此自命，意思是说他本来也和伍子胥

范蠡像

的命运是一样的。

他在齐国辛勤耕作，并将他在越国从政时的"计然之策"运用到商业领域，很快获得了巨大成功，"居无几何，致产数十万"。所谓"计然之策"主要有以下内容：

"旱则资舟，水则资车。"范蠡在越国时曾主持"平粜"之事。即在丰年由政府收购多余粮食，到荒年再平价卖给农民，他认识到丰年和荒年变化是有一定规律可循的。一个成功的商人必须有远见卓识，水灾来临时，就要考虑到旱天必定到来，对车的需要一定增加，就应该着手准备做车的生意，这实际上是对市场动态提前做出正确的预测和判断。

"贵出如粪土，贱取如珠玉。"两千多年前的范蠡，已隐约觉察到了商品价值与价格的关系，认识到商品价格不能偏离价值太远。"贵上极则反贱，贱下极则反贵。"当商品价格高到一定程度时，就要当机立断，快速出售，"无能居贵"。反之亦然。过分等待高价，会错过时机。

"无息币。"用今天的话说，就是要加速资金周转，做到"财币欲其行如流水"，才能是"不尽财源滚滚来"，获得更多商业利润。

"务完物。"就是要高度重视商品质量。采购的商品务必完好无损，"易腐败而食之货"千万要小心，不能久留。

在这些商业理论指导下，范蠡在经商活动中，财运亨通。巨大的财富为范蠡赢来极高的声望，他很快被齐人推举为相，又一次被推上政治舞台。

范蠡身居相位后，寝食不安，在他看来"居家则致千金，居官则至卿相"，这已是布衣百姓一生的顶峰了，久居尊位，未必有益，不如见好就收，急流勇退。于是他归还相印，将他的万贯家产分给了亲朋好友和邻里乡党，又销声匿迹了。

范蠡来到陶邑（今山东定陶境内），这里北临济水，东北有荷水沟通泗水。济、汝、淮、泗之间构成水道交通网，而陶邑正处于这个交通网之间。这里的陆路交通也十分发达。由此向东北是商业发达的卫国，向东是齐国和鲁国，向西是魏国和韩国。得天独厚的地理位置使陶邑成为"诸侯四通""货物所交易"的"天下之中"，成为万商云集的工商业大都会。具有远见卓识的范蠡发现这里正是他大展宏图、建功立业的理想场所，于是定居下来，与其子从耕畜起家，继而经商，"候时转物，逐什一之利"，短短几年"致货累巨万"，成了名副其实的亿万富翁。天下人尊称他为陶朱公。"陶朱公"也成了财富和富有的代名词。

大概是因为范蠡整天忙于经商而忽视了对子女教育的缘故吧，正当他财运亨通的时候，从楚国传来一个不幸的消息，他的二儿子因为杀人而被捕入狱。财大气粗的陶朱公闻讯后，立即把他的小儿子叫到身边说："我听说'千金之子不死于市'，更何况我的财富不知要抵多少个千金，你快去带上一车黄金珠宝，赶往楚国把你二哥解救回来。"小儿子正欲动身，长子破门而入，自告奋勇要去救二弟。陶朱公不肯答应，长子生气地说："子有长幼之分，二弟有罪，父亲不派我去搭救，却派小弟去，这分明是看不起我这个不肖之子，我还有何面目活在人世！"说完就要举刀自刎。陶朱公无可奈何，只好派长子前往楚国。临行前修书一封交给儿子，吩咐道："你把这封信交给楚国庄先生，再送给他一千两金子供他使用，别的事他自会办妥的，千万不要自作主张，自以为是，切记！切记！"长子点头称是。

长子来到楚国，按父亲所言，在一个偏僻的市巷找到背柴回家的庄生，递上信，送上金子，庄生看完信告诉他："你可以回家了，千万不要停留！你弟出狱后，不要问所以然。"

陶朱公长子离开庄生家后，私自住在楚国，又将所带金银分送给楚国掌权之贵人。

庄生以廉洁正直闻名，楚王对他也十分尊重。他收下陶朱公的黄金后，并非要占有它，想事办成后，再退回去。过了几天，他求见楚王言道："现在某星在某处出现，这是楚国不祥之兆。"楚王忙问有何妙方逢凶化吉，庄生道："只有大王行仁积德方能消灾。"楚王于是下令封三钱之府，准备大赦天下。陶朱公长子不知是庄生的功劳，以为二弟必赦无疑，觉得白送了庄生一千金，就跑到庄生家，索回了他的金子。

庄生十分生气，对楚王说："臣走在街上，到处传闻大王大赦天下是为了释放富商陶朱公的儿子，并非真正施行仁义。"楚王听完恼羞成怒，下令先斩杀陶朱公之子，然后再大赦天下，以澄清是非，根除谣言。

可怜陶朱公长子，只能收起弟弟的尸体，回家报丧去了。

陶朱公听到儿子被斩的消息，十分平静坦然。"我早就预料到长子不能救回弟弟。他从小跟我受苦，知道生活艰难，很看重财物。我原打算派小儿子去楚国，因为幼子从小生长在富裕环境之中，对钱财使用起来毫不在乎，因此可以救出老二。"

范蠡的一生，是充满传奇色彩的一生。他从楚国投奔越国，再从越国逃到齐国，后从齐国又移居陶邑，每到一地，必"成名于天下"。他的经商思想和致富理论，为白圭等所继承并发扬光大，直到今天，仍有许多参考价值。他那种试图探索并遵循经济规律来办事的精神，是十分难能可贵的。

知识链接：

大盐商猗顿

战国时期，盐商的著名代表是猗顿。

《史记》中说猗顿在畜牛羊致富后，又煮盐和贩卖食盐，成为战国时期大盐商。他所经营的是魏国河东的池盐。池盐从虞舜时代起就是重要的商品。春秋时被视为"晋国之宝"，战国时"齐有渠展之盐，燕有辽东之煮"，魏国的河池盐与之齐名。河东盐池是畦盐。这种盐的生产工序很简单，关键是要设法把盐销出去，才能赚钱。猗顿看准这一行当，于是远离家乡，从鲁国到魏国的河东地区从事池盐的生产和贩卖。他是农牧主兼大盐商，又是范蠡的门徒。猗顿的资财多得惊人。韩非子曾有"上有天子诸侯之势尊"和"下有猗顿、陶朱、卜祝之富"之言，猗顿的富有已与范蠡相提并论。

 商业祖师：白圭

战国中期以后，商品经济比前代有了明显发展，商业贸易活动日益活跃。"以贫求富，农不如工，工不如商，刺绣文不如倚市门。"商品观念和商品意识深入人心，财富成了人们羡慕追逐的对象，子贡、范蠡成了当时人崇拜的偶像。时代发展，呼唤新一代自由商人，在这种环境下，杰出的实业家白圭出现了。

白圭，名丹，本是周人，与孟子同时。他看到周天子地位名存实亡，日益衰落，就离开周国，来到了势力强大的魏国。当时正值魏惠王执政，将都城迁到了大梁，政治上颇有一番作为。白圭在魏国步入仕途后，他的才能很快得到魏惠王赏识，被任命为相国。

白圭在担任相国期间，对当时各诸侯国普遍施行的"什一之税"的赋税制度提出怀疑，主张减轻田税，变"什一之税"为"二十税一"。马克思曾指出，"强有力的政府和繁重的赋税是同一概念"（《马克思恩格斯全集》）。当时战国七雄已形成中央集权的大国，战争不断，封建财政支出十分庞大，各诸侯国对人民课征重税。他的这种主张，虽然对下层劳动人民和商人有利，但无疑损坏了统治者的利益，甚至连主张轻徭薄赋的孟子也出来反对他的观点，抨击"二十税一"是野蛮人的做法。魏惠王不能容忍他的做法，他于是辞去相位，弃政从商。

白圭还是战国时期著名的水利专家，担任相国期间，十分重视水利建设，调动了大量人力、物力、财力修筑堤防。当时中原规模最大的水利工程，沟通黄河和淮河两大水系的鸿沟，据史书记载是由白圭主持修建的。韩非子曾称赞"白圭无水难"。

魏国都城大梁距范蠡定居过的陶不远，受范蠡的影响，步入商界的白圭有一套相当完整的商业致富理论。他认为年成好坏与岁星（即木星）运行有密切关系，这是对范蠡经济循环学说的进一步发展。他认为，"太阴在卯，穰；明岁衰恶。至午，旱；明岁美。至酉，穰；明岁衰恶。至子，大旱；明岁美，有水。至卯，积著率岁倍"。白圭所说的年成好坏的循环规律比范蠡"计然之策"更为详细，在每十二年中，有"穰"即大丰年两年，

"衰恶"即坏收成四年，"美"即丰年四年，"旱"和"大旱"各一年。共有六年丰收年，六年灾荒年。白圭认为掌握了这个规律进行贸易，就可以获得巨大的利润。

白圭一条十分重要的贸易原则就是"人弃我取，人取我与"。当五谷成熟时收进谷类农产品，而出售丝、漆等；当蚕茧成熟时收进帛、棉等，出售谷类农业品。由于善于掌握购销时机，他从中获取了很多利润。

白圭还主张"欲长钱，取下谷；长石斗，取上种"。下等谷类是广大贫苦人民生活中最普遍的必需品，贸易上成交的数量多，从中获得的利润也最多。白圭"取下谷"的做法，起初受到一般商人特别是经营奇珍异宝等奢侈品商人的责难和讽刺，可是幸运之神总是偏爱那些遵循经济规律和勇于探索创新的人，而远离那些随波逐流、因循守旧的人。实践证明白圭是正确的。他还指出，要获取巨大利润，不仅靠贸易这一来源，也可从改进生产方面着手，即所谓"长石斗，取上种"。两千多年前就能总结出选用优良品种增加农业产品产量的经验，是十分了不起的。

家累千金的白圭，仍然过着"薄饮食，忍嗜欲，节衣服，与用事僮仆同苦乐"的简朴生活。这样一方面可以节约资金，有利于扩大经营规模，另一方面更能博得人们的尊重和信任，使他在经商活动中立于不败之地。

有学者指出，白圭"欲长钱，取下谷"的经营原则，以及"薄饮食、忍嗜欲、节衣服"的经营作风，表明了白圭时刻考虑成本与收益之间的关系。白圭这种"成本—收益"思想方法，在中国古代经济思想中占有重要地位，直到今天仍有许多可供借鉴的地方。

白圭认为，经商一定要掌握时机，运用智谋，要"趋时，若猛兽挚鸟之发"，要"犹伊尹、吕尚之谋，孙吴用兵、商鞅行法"。如果"智不足与权变，勇不足以决断，仁不能以取予，强不能有所守"，就不可能在商业竞争中取胜。在他看来，只要做到"智""勇""仁""强"四字，在经商活动中就一定能稳操胜券。所谓"智"，就是足智多谋，随机应变；"勇"，就是要勇往直前，当机立断；"仁"，就是要讲究商业道德，做到公平竞争；"强"，就是要坚守时机。

人们普遍认为是日本的企业家首先把中国《孙子兵法》思想应用于企业的经营管理。事实上，早在两千多年前的白圭就已把《孙子兵法》移植到他的"治生之学"之中。北京大学赵靖先生曾将白圭"治生之学"的内容与《孙子兵法》相比较之后，发现二者"不但思想上十分接近，而且文字、语气上都有着从后者脱化而来的痕迹"。因为战争和市场竞争，军事管理和商业管理之间有许多方面是类似和相通的。

千百年来，历代商人都把白圭奉为商业的祖师，诚如司马迁所谓"天下言治生祖白圭"。从白圭的商业贸易理论来看，他是当之无愧的。

扩展阅读　大冶铁主郭纵

《史记·货殖列传》载："邯郸郭纵以冶铁成业，与王者埒富。"

邯郸是赵国的国都，又是战国时最大的冶铁中心，而郭纵是邯郸冶铁主的代表。

战国时最重要的手工业部门是制铁业。春秋时，铸铁已经发明并有所改进（欧洲到14世纪才成功地炼出生铁）。战国时期在此基础上又有了进一步发展。铁器具的广泛使用，为铁业制造带来了勃勃生机。铁器生产和使用的地区已相当普遍，尤以楚、韩、赵等国的制铁业更为发达。当时，赵国的邯郸已成为冶铁中心。冶铁技术已有相当高的水平，铁器的质量大大提高。由郭纵主持冶制的铁器脆而且硬，比较耐磨，本来只适用于做犁铧的白口铸铁，经退火处理后变成了具有一定强度和韧性的"展性铸铁"（亦称韧性铸铁，可锻可铸铁）。

这种"展性铸铁"在战国中晚期已被广泛地应用于制造镘、铲、锄等农具及供器和生活用品（欧洲白口韧性铸铁于1720年才出现）。在铸铁过程中，还出现了性能介于白口铁与灰口铁之间的麻口铁。铸造铁器时，从一次使用的陶范进而到连续使用金属范，从单合范发展到用比较复杂的双合范，从用外范到用内范。块铁是锻件的重要原料，在反复锻打中经过渗炭处理，出现了含炭比较均匀的块炼钢，可用来制作剑戟等兵器。制铁术的改进，大大提高了手工业部门本身的生产力，铁制的手工业工具进一步代替了青铜工具。铁制的斧、锯、凿、锥等工具已是手工业者日常随身携带的必备之物了。制铁业的发展，为各行各业的技术进步提供了更好的物质基础，同时也大大增加了手工业产品中商品经济的比重，使商品交换更加繁荣。

在冶铁业中，商业资本兼有生产资本的性质，郭纵就是这样，他既是冶铁主，又是铁制品的经营主，工商利润都拿到手，获利很多。他役使大量劳动力（农民、雇工以至部分奴隶）进行较大规模铁业的生产和铁制品经营，所以郭纵能与王者埒富而名闻天下。

第五章

车马如龙

——春秋战国的水陆交通网

春秋战国时期，社会生产力空前发展，农业、手工业与商业都兴盛起来。春秋大国争霸，战国七雄对峙，大规模的经济文化交流，大规模的军事外交活动，大规模的人员物资聚散等，都极大地促进了水陆交通网的建设。

春秋争霸与交通的发展

　　春秋战国时期生产力的迅速发展进一步促进了华夏各民族文化的历史发展。灿烂辉煌的中原文化、关陇文化、燕赵文化、齐鲁文化、吴越文化、荆楚文化、巴蜀文化、岭南文化、闽台文化、关东文化、滇黔文化、八桂文化、两淮文化、陇右文化、塞外文化，既保持着祖先开创的共同特征，又分别绽放出异彩纷呈的地方特色，同时，通过交通网络的紧密联系，各区域文化又不断相互促进，相互融合，形成世界上唯一不曾间断的中华文明。春秋各国的霸权争夺，就特别明显地体现出交通推进文明进步，推动历史进程的巨大作用。

　　其一，齐国的争霸得益于"齐鲁大道"及"滨海通道"的沟通，这不仅促成了山东地区与中原地区、江淮地区，以及江南各地的交往，而且促进了山东沿海的开发，促成了以临淄为中心的区域繁荣。

　　其二，晋国的争霸得益于"中条山通道"，以及"轵道""羊肠坂"等"太行八陉"的开辟，使汾河流域与黄河流域、渭河流域的联系更加紧密，也促进了燕赵各地的经济发展。

　　其三，楚国的争霸得益于荆湘地区与中原地区交通干线的接轨，并通过"郢郑干线""郢宋干线"的开辟，促进了长江中下游地区，以及江南地区、岭南地区的经济发展。

其四，吴国的争霸得益于环太湖地区水路交通的进步，通过开发"胥河""邗沟""黄沟"等运河渠道，充分发挥江南地区水路交通的优势。同时广泛吸收中原文化的营养，促进了江南水乡的陆路文明，综合国力大幅增强。

其五，秦国的称霸得益于"汧河谷道""萧关道""陈仓故道""褒斜栈道""函谷路""蒲津关道""傥骆道"等交通干线的开辟，以及渭河、汧河水路交通的发展，使关中地区的险固与畅通融为一体，保障了八百里秦川的富饶，促进了汉中盆地的开发。特别是后来"金牛道"的开通，使秦国进一步占据巴蜀的富足，综合国力得到成倍增长，为秦王朝统一大业奠定了坚实的根基。

楚国霸业与交通

据《史记》记载，楚人的先祖颛顼是黄帝的孙子，昌意的儿子，生于若水，长于穷桑。颛顼十五岁分封到高阳，后出任九黎族部落联盟首领；二十岁即位，建都于帝丘，执政长达七十八年，名列"五帝"之二。颛顼的曾孙陆终有六个儿子，其中第六子季连赐姓芈。鬻熊为季连的后代，他九十岁时成为周文王的老师，是熊姓的始祖，著有中国第一部哲学著作《鬻子》。

周成王继位之后，"举文、武勤劳之后裔"，分封鬻熊的曾孙熊绎为楚子，建都丹阳，从此开创楚国。《左传》记载："昔我先王熊绎辟在荆山，筚路蓝缕，以处草莽，跋涉山川，以事天子。"按照《史记》的说法，当时的楚国，不过是"祖封于周，号为子男五十里"的四等小国。通过300余年的艰苦创业，到周桓王十四年（前706），楚国已经发展成为南方大国。楚子熊通因此要求晋升爵位，但是遭到周桓王的拒绝。周桓王十六年（前704），楚子熊通干脆自称"楚王"（谥"楚武王"）。楚子熊通的率先"称王"，比吴王梦寿（姬乘）称王的时间早141年，比越王允常（勾践之父）称王的时间早194年，比齐威王田因齐称王的时间早370年，比秦惠文王赵泗称王的时间早380年，比赵、魏、韩、燕、中山"五国相王"的时间早381年，比宋康王子偃称王的时间早386年。

周庄王八年（前689），楚文王熊赀迁都到郢城（湖北荆州市荆州区纪南镇），很快建成一座东西长4.5公里、南北宽3.5公里、总面积近16平方公里的人都市。随即利用殷商时期开通的水陆交通路线，北上控制蔡、鄂、柏、道、江、黄等地的交通枢纽，利用"宛夏干线""管夏干线""老居十线"等交通要道，将影响力扩大到中原各地。与此同时，楚国还修筑了冥厄（即平靖关，位于河南信阳市狮河区）、大遂（九里关、黄岘关，位于河南信阳市平桥区）、直辕（即武胜关，位于湖北随州市广水市与河南信阳市交界处）等要塞，号称"义阳（信阳）三关"，严密控制边防通道，随即又修建方圆五百里的"方城"，掌控桐柏山与大别山之间的交通线，阻止晋国从申邑、许邑南下扩张。周庄王九年（前688），楚文王攻占申邑，击灭申国；随后又相继击灭息国、弦国、黄国、江国、蒋国、蓼国、邓国。周惠王二十一年（前656），楚成王熊恽与齐桓公吕小白举行"召陵之盟"，暂时与齐、宋、陈、卫、郑、许、鲁、曹、邾"九国联军"达成妥协。周惠王二十三年（前654），楚成王讨伐许国，"许君肉袒谢，乃释之"。周襄王六年（前646），楚成王击灭英国。周襄王十四年（前638），楚成王以救援郑国之名讨伐宋国，取得"泓水之战"的重大胜利，宋襄公子兹甫受伤致死。周襄王十九年（前633），楚成王讨伐齐国，攻占谷邑，齐桓公的七个儿子纷纷投奔楚国，全部被任命为"上大夫"。周匡王二年（前611），楚庄王熊侣击灭庸国。周定王元年（前606），楚庄王北伐陆浑之戎，"遂至于洛，观兵于周疆"，公然深入到东周都城的南郊举行阅兵式，毫无顾忌地"问鼎之大小轻重"。周定王六年（前601），楚庄王击灭"群舒七国"。周定王十年（前597），楚庄王攻占郑国都城郑邑，"郑伯肉袒牵羊以逆"。周定王十三年（前594），楚庄王围攻宋国都城睢阳，"城中食尽，易子而食，析骨而炊"。周景王十二年（前533），楚灵王熊虔击灭陈国。周敬王二十四年（前496），楚昭王熊珍击灭顿国、胡国。周贞定王二十二年（前447），楚惠王熊章攻占州来，击灭蔡国。周贞定王二十四年（前445），楚惠王攻占淳于，击灭杞国。周考王十年（前431），楚简王熊中击灭莒国。周赧王九年（前306），楚怀王熊槐攻占姑苏，击灭越国。周赧王五十九年（前256），楚考烈王熊完攻占鲁邑，击灭鲁国。据史料记载，春秋战国时期楚国共扫灭六十一个诸侯国，其势力已经从湖北、湖南，扩张到广东、广西、江西、浙江、福建、江苏，以及四川东部，安徽大部、河南南部、山东西南部，国土面积几乎相当于其余六国的总和，俨然是"西有黔中、巫郡，东有夏州、海阳，南有洞庭、苍梧，北有汾陉之塞、郇阳，地方五千里，带甲百万，车千乘，骑万匹，粟支十年"的超级大国。

据考证，楚国在漫长的征战历史中，曾开辟三条重要交通干线，总里程约 3800 公里。其一是"郢郑干线"。郢郑干线从楚国都城郢都（今湖北荆州市荆州区纪南城）北上，经过襄阳、宛城、许邑，直到郑国都城郑邑，行程约 850 公里。其二是"郢睢干线"。郢睢干线从楚国都城郢都北上，经过鄢邑、随邑、息邑、蔡邑、陈邑，直到宋国都城睢阳，行程约 900 公里。其三是"郢滇干线"。郢滇干线从楚国都城郢都西南向，经过常德、黔中、沅邑、且兰、夜郎味县，直到滇池，行程约 1850 公里。

《史记》记载："始楚威王时，使将军庄骄将兵循江上，略巴、蜀、黔中以西。庄骄者，故楚庄王苗裔也。（庄）骄至滇池，地方三百里，旁平地，肥饶数千里，以兵威定属楚。欲归报，会秦击夺楚巴、黔中郡，道塞不通，因还，以其众王滇，变服，从其俗，以长之。"就是说，楚威王命将军庄骄带兵西征，从黔中郡（今湖南怀化市沅陵县）攻入川东地区，然后继续西进到云南滇池，占领大片肥沃土地。但此时秦国利用"金牛道"的开通，挥军南下击灭苴国、蜀国、巴国，随即攻占黔中，阻塞了楚军的交通线，截断庄骄与楚国的联系，庄骄只好率领部众在云南建国称王，史称"庄骄开滇"。由此可见，楚国尽管开辟了长达 1850 公里的"郢滇干线"，占有了富饶的云南，但是鞭长莫及，并未因此增强楚国的实力，反而远不及秦国开辟 600 公里"金牛道"的成效显著。

战国时期的交通工具

战国时期的车辆，是最重要的军事装备，同时也是最重要的交通工具。据专家研究，战国时期的车辆至少已经有七种类型。

一是双辕牛车。战国时期的牛车，已经由独辀车发展为双辕车。1976年，陕西宝鸡市凤翔县的东周墓葬就出土有两件牛车模型，被视为目前最古老的双辕牛车模型。这两件车模，分别由一头牡牛和一头牝牛牵引，牡牛身长19厘米，高13.8厘米；牝牛身长20厘米，高12厘米。两辆车的车轮均无轮辐，直径约11厘米。专家们认为，这两辆双辕牛车的出现，表明战国时期是双辕车取代独辀车的开端，意味着中国古代车辆已经揭开重大变革的序幕。

二是独辀马车。战国时期的独辀马车，仍然是马车的主流车型，形制与西周时期相近，但辀长由3米左右缩短到2米左右，轮径由1.2米增大到1.4米，轮辐由25根增加到26根，轮距由1.6—2米增加到1.8—2米，车厢横长由1.3米增加到1.6米，车厢进深由0.8米增加到1米，轴长由2.2米增加到2.4米，车伞已经普遍使用。战国时期的独辀马车主要有骈制（二马）、骖制（三马）、驷制（四马），还有"天子驾六"。2002年10月，洛阳市"发掘东周墓葬208座、车马坑7座、马坑9座"，"中区5号坑，长41.7—42.3米，宽6.9—7.9米。由于后期破坏，坑内残存车25辆，马70匹"，

"车分东、西两列，均由北向南叠压放置。东列 12 辆车，其中 2 匹马的 8 辆、4 匹马的 4 辆。西列 15 辆车，其中 2 匹马的 9 辆，4 匹马的 5 辆、6 匹马的 1 辆"。这辆 6 匹马驾驭的豪华马车，被视为中国考古发掘的重大发现。2003 年，洛阳市投资 1200 万元建成"天子驾六博物馆"，公开展示这件瑰宝。《逸礼·王度记》记载："天子驾六马，诸侯驾四，大夫三，士二，庶人一。"可见"天子驾六"是西周封建制度规定的特权之一。此后，河南鹤壁市浚县卫国墓、河南三门峡市虢国墓、湖北襄阳市枣阳市九连墩楚国墓、河南周口市淮阳县马鞍冢楚王墓、西安市长安区神禾秦陵墓，均有六马驾车的发现。这表明战国时期的"天子驾六"，已经不再是周天子唯我独尊的特权。

三是双辕马车。战国时期的双辕马车极为罕见。1980 年，河南周口市淮阳县马鞍冢的考古发掘中，发现楚顷襄王墓的两处陪葬车马坑。其第 1 处，南北长约 35 米，东西宽约 4.2 米，随葬 8 辆车，24 匹马；其第 2 处，南北长约 40 米，东西宽约 3.7 米，随葬 23 辆车，20 匹泥马。这 31 辆随葬马车中，有安车、小轮车，以及以错金银龙首装饰的豪华车、装有 80 块铜甲板的装甲战车。特别引人注目者是其中竟然有一辆双辕马车，迄今仍然是考古发掘中先秦双辕马车的唯一实物。

四是骞驴车。骞驴即"亚洲野驴"，分布于阿拉伯、叙利亚、印度、中亚细亚及中国西部。骞驴体型较小，因此也称为"半驴"或"半野驴"。骞驴有三个野生种类，其一是"库兰驴"，即"蒙古野驴"，主要分布于阿尔泰山南北、蒙古、贝加尔湖地区、中亚细亚地区，及新疆、内蒙古、甘肃等地；其二是"康驴"，即"西藏野驴"，主要分布于尼泊尔、锡金，及西藏、青海等地；其三是"奥纳格尔驴"，即"伊朗驴"，主要分布于印度、伊朗、阿富汗等地。据考古发现，骞驴是亚洲地区最早驯化的驾车动物，其系驾的历史甚至比马匹更为悠久。美索不达米亚的考古发掘中，就曾经出土 1 件描绘 4 驴小车的铜器，将驴车的历史追溯到公元前 2750 年。

五是骆驼车。《史记》载，"（匈奴）其畜之所多则马、牛、羊，其奇畜则橐驼"，"燕、代橐驼良马必实外厩"。这里的所谓"橐驼"，就是骆驼。由此可见，春秋时期，匈奴人驯化使用骆驼，然后通过燕国、代国传入中原。《楚辞》有所谓"要袅奔亡兮，腾驾橐驼"，这显然指驾骆驼车。可惜迄今为止未能发现骆驼车的考古实物，难以确认其形制。

六是羊车。《周礼》记载："羊车二柯有参分柯之一"。所谓"柯"就是斧柄，按照西周的规定"柯长三尺"。就是说，羊车的车厢长度规定是二柯再加上三分之一柯，即 7 周尺。据专家研究，西周尺的长度约 19.91 厘米，算起来《周礼》规定的羊车车厢长度为 1.394 米。可见羊车不仅是西周时期的流行车辆，而且是当时的制式车辆。

七是人力车。春秋战国时期的人力车主要是"辇车"。《左传》记载："齐庆克通于声孟子，与妇人蒙衣乘辇而入于闳（宫门）。"就是说，齐国大夫庆克与齐灵公吕环的母亲声孟子私通，就经常化装成妇女乘坐辇车进入王宫。

春秋战国时的邮驿

　　周王室与诸侯邦国之间，诸侯各国之间，有大量的信息需要传递，于是产生了置邮传命的制度。负责邮递的专职人员当时称行夫、行人、驿使、递夫等。行夫接到任务后，要立即出发，"虽道有难而不时必达"（《周礼·地宫·行夫》）。行夫步行称徒传，借用车马称遽传，途中的食宿与安全及车马供给，由国家传舍负责提供。西周初年，姜太公在齐，要对两位所谓"贤士"行刑，周公听到消息后，立刻"乘传"前往齐国去劝阻（见《韩非子·外储说右上》）。如果此说属实，那么，西周初年就已经有了邮传了。

　　春秋战国时期，各诸侯国也都建立起了自己的邮驿网络而且有各国通用的邮路，有各国通用的基本制度。邮驿是当时的通称，各地称谓有所不同。有称邮传、驿传的，有称驿递、驿遽的，也有称置邮的，还有将驿写作驲的，都是指邮递业务及为邮递服务的国家机构而言的。分别说来，春秋战国时期，人们习惯于把步行之邮称为传，乘车马谓之驿，轻车急行特称遽。供邮驿人员食宿休整的场所谓之驿（后来，驿也接待其他行旅，并传递转运小件物品），而邮用车马便称作驿车、驿马或传车、传马了。

　　西周与春秋战国时的国家邮驿，只负责传递政府公文，只负责国家信使的往返接待，民间书信是不许入递的。西周时地广人稀，道路状况不好，邮驿效率不高，到春秋战国时期，各国的邮驿就非常发达了。

郑国就有发达的驿遽。郑国是春秋初年刚刚创建的一个中小诸侯国，地处中原腹地，夹在齐晋秦楚之间，是大国争夺的对象，也是大国争霸的牺牲品。为了保持本国的独立存在与安全，必须有灵通的信息网络，以随时获取各国重要情报，对付外界的各种异常行动。同时，也正因为郑国地处腹心，是各国经济文化交流的必经之路，这里的商业活动有久远的历史和广泛的社会基础。郑国建国之初，就曾与当地商人订立盟约，共同开发、经营、创建这个国家。商人自然是关心各国各地的情况的，这就推动了信息网（邮驿网）的建立。郑国商人由于享有较高的政治地位，可以直接使用国家邮驿传递信息，所以郑国无论在怎样复杂的国际环境中，都能及时准确地了解到外界情况。当时国际社会流行着"郑昭宋聋"的话，形象地说明了郑国信息的灵通与准确和宋国信息的闭塞与迟钝。郑国能获取各种信息，自然不是靠一两个灵通人物，而是靠相应的制度来实现的。

齐国早就建立了驿传制度。如"三十里置遽委焉，有司职之"（参见《管子·大匡》）。每隔三十里设置一座遽，并积有粮食刍草，有专人负责管理。诸侯使节通过时，派人帮助运送行李，住下时派人喂马。检验通行证件，合法通行必须保证，故意拦阻者受禁闭处罚。齐景公游渤海数十天，在此期间的国家大事，就是靠邮传来解决的（参见《韩非子·外储说》）。《吕氏春秋》中记载，齐景公为了追回晏子，来不及驾"广乘"，自己就干脆乘驿车，一直追到远郊。看来，齐国的邮驿是很有效率的。

楚国以驲传命也早已成为定制。在设驲的地方，配置了大批驲车与驲马，当国家使团派出时，驲车相望于道，颇有声势。公元前 611 年，楚境内发生特大灾荒，周围一些平时受楚欺侮的小国，便乘机攻楚，一直打到荆门以南，逼近楚都郢，楚王便想迁都以避其锋。在进攻的各小国间，以庸人为最烈。庸人率领百濮等奔袭郢都，造成一种危急形势。在这种情况下，楚人想出了一条救亡的战术：一面派兵迎敌庸军主力，边战边退，使庸军滋生麻痹轻敌情绪，拖住他们不使旁顾。一面由楚王亲自出马，带着精锐部队，"乘驲"直达临品（今湖北均县），然后兵分两路，一支拦截庸军归路，一支乘虚直捣庸的都城（今湖北西北的竹山），一举灭庸，打了一场漂亮的歼灭战。这一仗，楚王带着大部队，行军数百里，竟能乘驲而行，从郢至临品，没有被沿途小国进攻部队察觉，也没有被沿途各国截留。这说明当时驲车通行，已是国间惯例了，否则楚王是不能如此畅行无阻的。利用国家间邮路打仗，可以说是楚人的一个妙计。

到战国时期，邮驿的安全、快速、专职化程度更大大提高了。

《史记·苏秦列传》载秦人："正告楚曰：'蜀地之甲，乘船浮于汶，乘夏水而下江，五日而至郢；汉中之甲，乘船出于巴，乘夏水而下汉，四日而至五渚……'秦正告韩曰：'我起乎少曲，一日而断太行。我起乎宜阳而触平阳，二日而莫不尽繇。我离两周而触郑，五日而国举。'"在这种快速行军的情况下，通讯的速度自然要数倍于此才能有效。为了迅速传递军情政令，人们自然地把目光投向了驿传制度的健全，投向了对千里名马的选择。《韩非子·难势》说："夫良马固车，五十里而一置，使中手御之，追速致远，可以及也，而千里可日至也。"这是说，选用良马，驾上坚固的车，每隔五十里设一个驿站，到站就换上新的车马，接力传递，那么，即使用中等技术的驭手来驾车，也可以一日而行千里。这样的速度，比起西周时期的"师行三十，吉行五十"来，简直可以说是神速了。

春秋战国的旅馆与传舍

　　《礼记·曾子问》有言："自卿、大夫、士之家，曰私馆；公馆与公所为，曰公馆。"国家使节由公馆接待，贵族官员之间的私相往来由卿大夫接待。《仪礼·聘礼》则规定："卿馆于大夫，大夫馆于士，士馆于工商。"然而，这样的"私馆"即私人宾馆，并不是营业性的，它只能接待个别特定人士，因而不能满足商旅的多种多样的旅途需要，于是就有开办营业性旅店的必要。史料表明，中国的私营旅店出现得很早。据《史记·齐世家》载，当年姜尚就封于齐国时，一程一程按部就班地前去就任。途中，有位逆旅主人劝他说："机会难得而易失。你这么慢吞吞地走，哪年哪月才能到达营丘呢？"姜太公听了，很受启发，便晓行夜宿，兼程而进，及时赶到了齐都。这则史料如果属实的话，那么，旅店早在西周初年就出现了。

　　西周后期，私人营业性旅店已经屡见不鲜了。

　　《国语·晋语》载，晋太傅阳处父去卫国访问，返程时来到了宁邑（今河南获嘉境内），他"舍于逆旅宁嬴氏"。客店主人见了他很高兴，对自己的妻子说我觉得这位官人很有才干，自己早就想追随一位贤能去干一番事业，现在可以如愿了！于是决定随阳处父回晋都曲沃。一路上，他们说说笑笑，嬴氏发现这位阳处父是个好说大话而言不由衷的人，刚走到温县，他便辞别了阳处父回到了自己的客店。老板娘很奇怪，问他怎么回来了，他说："阳处父这人靠不住，我看他很快就会倒霉的。"果然，不过多久，阳处父便被杀了。而宁地的这对夫妇，则仍然经营着他们的客店。宁邑，在晋通往中原的重要通道上，交通发达，商旅很多，在这里开办客店是顺理成章的。

战国时，交通要道上的私人旅馆已经很普遍。当年，苏秦佩上了六国相印，好不威风，他的老同学张仪来投奔他，希望找一条出路。苏秦却不肯见他，等了几日，好不容易见了，又让张仪坐在低下的位置上，食仆妾之食，并当众数说张仪的无能，然后把他送出门去……张仪十分生气，于是投奔秦国而去，下狠心要跟苏秦唱一台对台戏。一路上，总有一位热心人"微随张仪，与同宿舍"（《史记·张仪列传》），并且主动与张仪交好，尽力帮张仪排解途中困难，资助张仪全部食宿费用。张仪至秦，见了秦王，受到器重，被任命为客卿，便找着此人，当面谢恩，此人笑笑说："我是奉了苏君之命前来照护资助您的。苏君之所以激愤您，是希望您大有作为啊！"张仪恍然大悟，自觉在心计智谋上逊苏秦一筹。张仪此行，从赵都邯郸到秦都咸阳，沿途都投宿于"逆旅"，即私营小客店。

私营逆旅出现后，随之也就有了对它的管理法规。

《史记·商鞅列传》载，秦孝公死后，秦惠王派人逮捕商鞅。商鞅仓皇出逃，逃至边境关下时，天色已晚，饥寒交加，便到一个偏僻的小旅店去投宿。旅店主人向他索要证件，对他说："商君之法，舍人无验者坐之！"意思就是接受没有身份证件的旅客，店主人便要受牵连、要受惩罚。商鞅无奈，只好离开此处，很快就被捕身死。这则史料说明，秦国不仅制订了客店管理法令，而且向全国各地推行，连边远地区的小旅店也熟知此类法令。当时，在秦国、魏国，对于包括旅馆业在内的各种非农业经营活动，都订有严格的限制性管理条令。商鞅甚至把私营旅店看成是游食之徒的藏身立足之所，大有取缔而后快之意。这种观点，对后世的旅店业管理，也产生了深远影响。

春秋战国时期，还有一种非营业的私人宾馆，当时也称传舍、馆舍，一般由贵族们承办，专门接待所谓"士"。士，是春秋战国时期的一个特殊阶层。在这些士之间，有一批人是学者型的，他们到处周游，宣传自己的理论主张、学术思想，孔子、墨子便是这样的人。有一批人是政治活动家，最喜欢在外交舞台上显其身手，被称为策士、说客，张仪、苏秦是其代表。有一批人是侠士型的，"为知己者死"，不惜性命，做刺客，聂政、豫让是其代表。更多的士，则是些有一技之长、有一术之能者，叫作方士、术士，他们之中有成就一番事业的，如冯谖帮孟尝君"市义"就是一例，蔺相如也是长期住在"广成传舍"中的人物。还有一些人则专以谋食为目的，并不真正为谁办事，一旦"树倒"，他们便都作"猢狲散"，另寻主子去了。不论什么士，他们总要依附于某个有权有势财力雄厚者才有饭吃，才有"出路"，否则就只能四处流浪。战国时期这种"士"特别多，因而相应的设施也就发展起来了。

当时，各国国君以至卿大夫，为了壮大自己的威势，一个个争相接纳投奔自己的"士"，叫作"招贤纳士""礼贤下士"。投奔的人多了，便要筑馆舍来招待；投奔的人杂了，就要分批分类地接待。别的且不谈，第一是安顿下来，给以衣食，让来客不说自己的坏话，为自己扬名。荀子晚年，到了齐国的稷下学宫，三为祭酒，主持那里的文化学术事业，稷下学宫是为春秋战国时期的"士"们办得最好的一处馆舍。荀子所在的这个学宫，招聚天下诸子百家文学游说之士以千百计，其衣食住行一律由齐政府负担，是一座特大的公办馆舍（参见《史记·荀卿列传》）。

战国时为养士而建的私人馆舍也不少，最著名的有齐国的孟尝君田文、赵国的平原君赵胜、魏国的信陵君魏无忌、楚国的春申君黄歇，后来还有秦相吕不韦、燕太子丹，可以说他们无不倾其所能地大办馆舍。这样的馆舍，就其接待游客旅人这一职能来说，也未尝不是寄寓之所。

 扩展阅读　泛舟之役

周襄王五年（前647），晋国遭遇饥荒，"使乞籴于秦"，就是派使臣到秦国请求买粮救灾。秦穆公赵任好赞同百里奚的意见，认为"救灾、恤邻，道也"，"秦于是乎输粟于晋。自雍及绛相继，命之曰'泛舟之役'。"泛舟之役是中国史籍记载最早的一次大规模水路运输活动。由于史籍记载比较简略，只知道当时运输船队的起点是秦都雍城（今陕西宝鸡市凤翔县境内），终点是晋都新绛（今山西临汾市侯马市境内），途径应当"是自今陕西宝鸡县浮渭水东行，至今潼关县，而后溯黄河北上，再进入汾河至绛"，航程约500公里。至于运输的规模，据《史记》所言是"以船漕车转，自雍相望至绛"，与《左传》所言的"相继"如出一辙。也就是说，沿途500公里航程中，船与船之间相互都可以看得见，可谓千帆竞发、络绎不绝，如果按照每艘船装载10吨计算，也应当有1万吨之多。可见当时的渭河、黄河、汾河，已经具备大规模航运的条件。

　　第二年秦国也发生饥荒，请求晋国援助。晋惠公姬夷吾认为"因其饥伐之，可有大功"。于是不仅拒绝援助秦国，而且准备出兵进攻秦国。周襄王七年（前645）九月，秦晋两军相遇于韩原。晋惠公见晋军兵力占有优势，就想毕其功于一役。于是亲自率军冲到最前面，直取秦穆公。秦穆公受伤之后陷入包围，形势十分危急。此时，不久前因误食秦穆公的骏马险些被处死的三百岐山人，因感念秦穆公再生之德，奋勇冲杀保护秦穆公突出重围。晋惠公因为追赶太急，战车陷入泥坑，反而被秦军俘虏。晋军失去主帅之后，很快就全线崩溃。当年年底，晋国大夫阴饴甥到王城与秦国签订和约，以割让河西之地为条件换取秦国释放晋惠公，这就是历史上著名的韩原之战。此后又经过三百年的苦战，秦国终于彻底击败晋国重占河西的企图，牢牢控制了河西十五县，及潼关道、武关道、蒲津关道，形成虎视河东、震慑中原的战略优势。

第六章

争奇斗艳

——春秋战国的文学成就

春秋战国时代是中国文化史上最辉煌的时代之一，各个层面都取得了突飞猛进的发展。这个时代的文学艺术也呈现出万紫千红、争奇斗艳的繁荣景象。

中华文明的文化基因：《诗经》

中国文学有着悠远的历史，而《诗经》是中国文学最重要的源头之一，它是中国最早的一部诗歌总集，收录了自西周初年至春秋中叶（约前11世纪—前6世纪）将近五百年间的诗歌作品，共三百零五篇。这部诗歌总集的编订者，现在一般都认为是孔子。而诗的来源，大约有以下几种：首先是来自"献诗"，周天子听政之时，公卿列士向天子献诗，起到讽谏或赞颂的作用；其次是来自"采诗"，周王朝或各诸侯国的乐官，摇着木铎，到乡间闾巷搜集老百姓当中流传的诗歌；还有一部分诗歌，是在祭祀、宴飨等仪式中使用的乐歌，则是由王朝的乐官或巫、史等创作完成的。

相应地，这些诗歌在《诗经》当中有不同的归类。一般认为，来自民间的属于"风"，献给周天子以讽谏或颂扬的属于"雅"，祭祀、宴飨之诗则属于"颂"。风、雅、颂原是音乐上的分类。风指各诸侯国的地方音乐；雅是正的意思，雅乐是朝廷上使用的，也可称为宫廷音乐；颂则是连歌带舞、节奏较为舒缓的舞曲，主要在祭祀的时候用。由于音乐及其用途的不同，《诗经》中的风、雅、颂三个部分在内容、审美风格上不完全一致。雅、颂庄重，而风，也称国风，更灵动飞扬，似乎前者属庙堂，后者属民间。不过如果考虑到《诗经》写作的西周时期，当时的政治与文化都还以贵族为中心，非贵族的人民，他们还没有多少人身自由，更没有多余的时间来创作，因此，《诗经》中的国风很多也仍然是贵族的作品，但有时候他们会替田夫野老代言。

普通人谈到《诗经》，往往指的是国风这一部分，而国风当中的爱情诗也颇为多姿多彩，有的一往情深，有的放纵恣肆，有的朴丽清新，都是天地元声，而无矫揉颓靡之象。

比起雅、颂来，国风的语言更接近口语。国风中还有许多美丽无边、灵动旷达或忧怀深广的诗句。

人们通常还会注意到《诗经》的史诗品格，而推崇《大雅》当中的一些篇章，《大雅》当中的《生民》《公刘》《绵》《皇矣》《大明》等五篇被认为是周朝的史诗。

《生民》讲述的是周民族的始祖后稷的生平故事。后稷的母亲姜嫄"履帝武敏歆，攸介攸止，载震载夙"，就是说姜嫄在野外行走，看见地上有大脚印，就好奇地踩上去，内心受到震动，之后就怀孕生了后稷，而这大脚印实际上是神的足迹。后稷出生后，他的母亲起初觉得这个不明来历的孩子有点不祥，就想抛弃他。先是把他丢在路上，好让牛羊践踏，但牛羊经过时却十分小心地绕开孩子；后来把他投到冰面上，但随即就为各种飞鸟所覆盖，免于冻死。这个孩子就在奇迹中得以存活，并逐渐长大。后稷长大之后，擅长稼穑，教会族人耕种，族人于是能安居于邰地。后稷的曾孙——公刘又带领族人迁徙到了豳，此后文王出生，周民族此时的实力已经十分强大。《皇矣》叙述了文王伐密伐崇的战争。而《大明》叙述的重点则在武王伐商，写得十分生动。这是一场"以少胜多"的战争，战争的场面在短短

后稷像

的几十个字中得到了渲染铺排——"殷商之旅，其会如林"，写殷朝"正规军"兵士众多，来势汹汹，大有以大压小之势。"牧野洋洋，檀车煌煌，驷骥彭彭。维师尚父，时维鹰扬，凉彼武王，肆伐大商，会朝清明"，写武王的对阵，面对大军压力的紧张、警觉，特别是太师尚父如苍鹰般矫健的形象，预示着周民族军队所向披靡，取得最后胜利。

可以说，《大雅》中的这些篇章，确实构成了周朝先民创业的史诗。当然，其体制与《荷马史诗》的鸿篇巨制不能相提并论。两者存在很大区别，《荷马史诗》的叙事性更强，而《大雅》中的这些史诗有着强烈的抒情倾向；《荷马史诗》由民间行吟诗人在民间传唱，口耳相传，随时增删，而周民族的史诗则是由周朝的史官乐官撰写，在祭祀先祖的仪式上歌唱，基本内容比较固定。

从诗歌精神追求来看，《诗经》和《荷马史诗》也存在着不同。《荷马史诗》充满冒险和探寻精神，表现人与自然的斗争与冒险。而《诗经》所记述的是周民族如何在与自然的和谐共处中创造自己的文明。人们眷恋的是平静和睦的乡村生活，而并不主动对外扩张，后来的战争也是为了驱逐外敌、反抗暴政。

中华文明的阶梯：《楚辞》

　　战国后期，在我国南方的楚地，楚辞作为一种新的诗体产生了。这一新诗体的奠基人和代表作家，便是楚国的大诗人屈原。

　　"楚辞"的楚是指楚地，辞是指歌词。汉成帝时刘向奉命整理古籍，把屈原、宋玉以及汉人仿效这种体裁所写的作品汇编成一集，称为《楚辞》。从此，楚辞这个名称便流传下来。宋人黄伯思在《校定楚辞序》中称"盖屈宋诸骚，皆书楚语，作楚声，记楚地，名楚物，故可谓之楚辞"，对楚辞名称的含义做出了颇为全面的解释。

　　屈原，名平，字原。他出身于楚国的贵族家庭，在楚怀王时曾参与国政，受命起草《新令》。因遭到保守势力的谗毁，先后被放逐到汉北、江南。在被放逐期间，他目睹楚国的腐朽衰败、国势日削，忧愁悲愤，写下了很多不朽的诗篇，最后投汨罗江而死。

　　楚辞是在楚地民歌基础上发展而来的。楚地的文化即楚文化作为一种地域文化，具有自己独特的特色。楚地的民歌即"楚声"（楚地的音乐）和"楚歌"（楚地民歌的歌词），在情调和形式上如句式的长短不齐、隔句句尾使用语气词"兮"等，和中原地区的民歌有很多不同。楚地祭祀鬼神时在民间所用的祭祀曲词，富于幻想，情调浪漫，对楚辞的创作影响很大。

《离骚》作为一首宏伟的政治抒情诗，是屈原的代表作品。该诗共 373 句，2400 多字。全诗分前后两大部分，前一部分叙述自己的先祖、家世与个人的理想抱负，然后写自己从政后因主张革新而遭受的迫害，对楚国的黑暗政治与腐败风气予以批评。后一部分写诗人在受到不公正的待遇后，在彷徨苦闷之中对真理的不懈追求，他上叩天阍，下求佚女，请巫咸降神，灵氛占卜，以寻求出路，即"路漫漫其修远兮，吾将上下而求索"。然而，楚王不了解他，朝廷的群小又迫害他，他又不忍心离别楚国，只有效法殷大夫彭咸投水而死来结束自己的生命。

《离骚》作为中国诗歌史上浪漫主义的杰作，诗人采用比喻、象征、拟人、夸张等手法，驰骋想象，使作品中的景象与人物达到了瑰丽奇伟的艺术境界。诗中主人公高尚纯洁，为追求真理百折而不回，感人至深。司马迁在《史记》中称赞《离骚》："其文约，其辞微，其志洁，其行廉，其称文小而其旨极大，举类迩而见义远。"鲁迅先生在《汉文学史纲要》中称赞《离骚》："逸响伟辞，卓绝一世……较之于《诗》，则其言甚长，其思甚幻，其文甚丽，其旨甚明，凭心而言，不遵矩度。……其影响于后来之文章，乃甚或在三百篇以上。"

除《离骚》外，屈原的作品还有吸取楚地民间神话故事、利用民间祭歌形式而写成的组诗《九歌》。此外，还有《九章》《天问》等。屈原之后，楚国又出现了宋玉、景差等楚辞作家，其中以宋玉的成就最高，他的代表作品是以悲秋为主题的《九辩》。

屈原是中国文学史上第一位伟大诗人，他开创了诗歌从集体歌唱到文人独立创作的崭新时代。而他在南方楚地民歌基础上所创造的崭新文学体裁，扩展了诗歌的艺术表现能力。如果说《诗经》开创了我国古代诗歌现实主义的传统，那么，屈原的楚辞作品则以积极浪漫主义的创作方法，为中国文学开辟了另一影响深远的传统，对中国古代诗歌的发展具有特殊重要的意义。

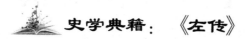

史学典籍：《左传》

《左传》是《春秋左氏传》的简称，又名《左氏春秋》。《左传》之名始见于东汉班固《汉书·艺文志》："左氏传三十卷。"班固自注作者是："鲁太史左丘明。"司马迁说："鲁君子左丘明……因孔子史记具论其语，成《左氏春秋》。"（《史记·十二诸侯年表》）

《左传》与《国语》成书时代较为接近，二书思想倾向也基本一致，然《左传》较《国语》有新的发展，民本思想更加鲜明、突出。首先，《左传》记事表明了民重于天、民为神之主、民重君轻、民为邦本的观点，这比《国语》"民神并重，先民后神"和"论及君民，以民为主"的思想又有进步，而与孟子"民为贵，社稷次之，君为轻"已经接近了。

《左传》在形式上突破了传统的或记言或记事的单一模式，吸收《尚书》记言体与《春秋》记事体的技巧，使记言与记事高度地结合起来，做到了在编年体中将记言与记事有机地融合为一体，达到了记言委婉生动，叙事详明有趣。

《左传》中记言记事的完美结合，开创了中国编年体写作的新纪元，梁启超因此称赞道："左丘可谓商周以来史界之革命也，又秦汉以降史界不祧之大宗也。"明代叶盛说："六经而下，左丘明传《春秋》，而千万世文章实祖于此。"《左氏春秋》是上承《尚书》《春秋》，下启《史记》的史传文学巨著。

《左传》描述的是一个纷杂、动乱的社会，因此怎样将矛盾对峙的政治、军事形势，错综繁复的王侯、宗族关系和诸多异常的变乱表述得条理分明、井然有序，如何使种种不可言告的颠覆活动、密谋暗算昭然若揭，就成为作者行文记事首先力求达到的目标。整个社会的政权变更与政治关系的变化，是《左传》用以描述社会的主要矛盾线索。作者以其敏锐的观察力追寻着这一线索，如掌握了一把利刃，对春秋时代纷繁复杂、牵一动百的社会矛盾做出了明晰的分析。尤其是在记叙谋杀、行刺、政变及战争一类冲突急剧变化的事件中，作者的叙述才能得到更加充分的发挥。例如晋灵公谋杀赵盾（宣公二年）、郑西宫之难（襄公十年）、齐崔杼之乱（襄公二十五年）、齐人杀庆舍（襄公二十八年）、楚灵王之死（昭公十三年）、吴公子光刺王僚（昭公二十七年）等，这些重大事件的记叙都证明了《左传》的成功。

《左传》尤为出色的是善于描写战争，这集中体现了它高超的叙事艺术。作者生当战乱之世，耳濡目染，习于战事，了解并善于描述战争。对当时一些著名战役，如宋楚泓之战、晋楚城濮之战、秦晋殽之战、晋楚邲之战、齐晋鞌之战、晋楚鄢陵之战、齐晋平阴之战、吴楚柏举之战、齐鲁清之战等等，都有非常出色的描写。《左传》之写战争，结构完整，情节精彩，运笔灵活，并不局限于正面的战斗场面描写，而能着眼于战争的前后左右；

重在描述战争的来龙去脉和胜败的内外因素，以历史家的卓越识见，揭示其前因后果、经验教训，因而波澜起伏、跌宕多姿。并且还以简练形象之笔，描写战争中的人物和事件，绘声绘色。

《左传》的语言精练、婉转、传神，能描摹出符合人物身份与性格的个性化语言。如同是论战，曹刿发论（庄公十年），委婉尽致，侃侃而谈，充分显示了这位有"远谋"的乡下人虽胸有成竹，然初次涉足上层政治，处处小心谨慎的心理；而子鱼发论（僖公二十二年），坦率直陈，言辞激烈，敢于当面批驳宋襄公的谬论，同时又注意一定分寸，显然符合一个公侯贵族的口吻。《左氏春秋》中的记言，最为精彩的是行人的辞令，所谓"行人"是奔走于政界、应对于诸侯的政治、外交人员，他们凭借十分讲究的言辞来说服对

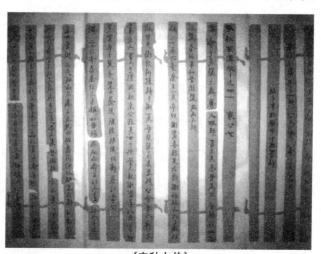

《春秋左传》

方，推行自己的主张，委婉有力的辞令显示了行人们能言善辩的共同特征。

《左传》的叙述语言词约事丰、意蕴厚实。如《宣公十二年》记晋军败于楚，溃不成军，作者只写道："中军、下军争舟，舟中之指可掬也。"为夺渡船以求逃路，先上船的人以刀乱砍后来争攀船舷者的手，落入船中的断指竟"可掬"，这么一个小小镜头，晋军败逃之全状可想而知。作者又记入冬后楚军将士受冷冻，"王巡三军，拊而勉之，三军之士皆如挟纩"。几句体恤的温语暖似披上棉衣，比喻贴切入时，将楚王慰勉之情与三军将士

的愉悦都蕴含其中，以小见大，举轻驭重，"一言而巨细咸该，片语而洪纤靡漏"，"言近而旨远，辞浅而意深，虽发语已殚，而含意未尽。使夫读者望表而知里，扪毛而辨骨，睹一事于句中，反三隅于字外"。

在史学领域，《左传》是中国最早的叙事详细的完整著作，它发展了《春秋》的编年体，成为第一部完备的编年史。它的创新对后代史学产生深远的影响，为封建时代历史著作的撰写奠定了基础。汉代《史记》纪传体的开创是继承和发展《左传》记写形式的结果，其"本纪"或"世家"即某国或某人的编年纪事，其"列传"，大多数就是将人物分散的事迹集中起来，按纪年排列成篇。后来各朝的正史多为纪传体。作为正史的补充，编年体史书仍数量众多，如《左传》之后最早的东汉荀悦《汉纪》，《隋书·经籍志》著录的《后汉纪》《魏纪》《晋纪》等三十余种，宋司马光《资治通鉴》、清毕沅《续资治通鉴》等，皆为编年体历史巨著。自《左传》和《史记》起，编年叙事和纪传叙事成为我国历史著作的两种最基本的体裁。

《左传》为后代文学创作提供了丰富的可资借鉴的经验，无论在体制、容量、手段诸方面，它都具备了长篇叙事文学的雏形。这部伟大著作的艺术成就是开创性的，具有重大的奠基意义，因此它在中国文学史上占有重要而突出的地位。

《礼记·乐记》中的礼乐文明

《乐记》是我国现存最早的关于古代音乐理论的著作。关于《乐记》的作者，说法不一，不少人认为是战国初年的公孙尼子，也有人认为该书是汉武帝时河间献王刘德与诸生纂辑而成。从历史发展的线索看，后一种说法可能更合乎实际。《乐记》旧传二十三篇，今仅存十一篇。尽管残缺大半，其内容仍然是十分丰富的，其中涉及了音乐乃至整个艺术领域的许多重大问题。

对于音乐与社会生活的关系这一最基本的理论课题，《乐记》认为，音乐是社会生活的反映。"凡音之起，由人心生也；人心之动，物使之然也。"音乐由人心产生，而心理活动受着外界客观现实的影响。音乐既然源于现实生活，那么从音乐中也就必然可以看到现实生活的面貌，"是故治世之音安以乐，其政和；乱世之音怨以怒，其政乖；亡国之音哀以思，其民困"。音乐不但可以反映出政治的"和""乖"和人民的"困"，而且也在社会生活中起着十分重要的作用，在这一点上，《乐记》继承了孔子关于礼乐治国的思想，将乐与礼并提，当作安邦之本："乐也者，动于内者也；礼也者，动于外者也。乐极和，礼极顺，内和而外顺，则民瞻其颜色而弗与争也，望其容貌而民不生易慢焉。""乐者为同，礼者为异。同则相亲，异则相敬。"乐是启动内心世界的，可以调和关系、沟通感情；礼是规定外部行为的，用以区别等级、分清贵贱。乐使人们相亲相爱，礼则使人们互相敬重，二者相辅相成，才能天下安宁，达到"中和"的境界。正因为音乐具有如此重要的作用，所以理应予以提倡，音乐"可以善民心，其感人深，其移风易俗，故先王著其教焉"。这种礼乐并重的美善统一观，在后来的中国古典美学和艺术论中一直占有主导地位。

关于音乐的本质特征，《乐记》明确指出音乐是情感的表现："情动于中，故形于声，声成文，谓之音。"意思是，感情发动在内心，就表现为声，声按一定规则组织起来，就叫作曲调。"夫乐者，乐（快乐）也，人情之所不能免也。乐必发于声音，形于动静，人之道也。"音乐既然是表现感情的，就不容许有虚假的东西，"乐不可以为伪"，情感必定自然而然地流露在音乐中。"其哀心感者，其声噍（忧戚）以杀（急促）；其乐心感者，其声啴（宽舒）以缓；

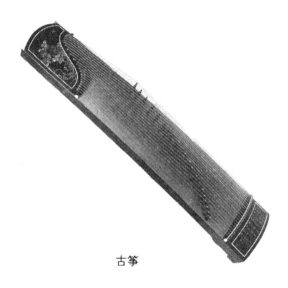

古筝

其喜心感者，其声发（开朗）以散（自由）；其怒心感者，其声粗以厉；其敬心感者，其声直以廉；其爱心感者，其声和以柔。"

关于音乐的内部规律，《乐记》按层次深浅做了有价值的探讨。《乐记》将音乐分为声、音、乐三个层次。声，是在外界事物的感染之下而发出的声音，"感于物而动，故形于声"，作为音乐的一个层次，声当然是指乐音。声按一定的规则组织在一起，构成曲调，就是音。乐则是指诗歌、音乐、舞蹈三位一体的艺术形式，"比音而乐之，及干戚羽旄，谓之乐"，按照一定的结构关系演奏，加上以盾斧羽毛牛尾等为道具的舞蹈，就是乐。乐乃是与伦理相通的最高层次，"是故知声而不知音者，禽兽是也；知音而不知乐者，众庶是也。唯君子为能知乐……不知声者不可与言音，不知音者不可与言乐。知乐则几于礼矣"。如果我们抛开其中所谓"众庶""君子"之类的统治阶级的偏见，即可发现其中的合理成分。声是连禽兽都可以感知的，音是一般的人都可以欣赏的，只有修养较高的人才能把握乐。乐是"通伦理""几于礼"的完美形式和表演艺术的高级阶段。

在美感问题上，《乐记》认为音乐不是为了追求欲，"清庙之瑟，朱弦而疏越，壹倡而三叹，有遗音者矣。大飨之礼，尚玄酒而俎腥鱼，大羹不和，有遗味者矣。是故先王之制礼乐也，非以极口腹耳目之欲也，将以教民平好恶，而反人道之正也"。这就是说，音乐不能以寻求感官刺激为目的，它必须上升到理性高度，以获得"反人道之正"的效果。

《乐记》不但是我国音乐史上最早的专门音乐理论著作，而且也是东方美学史上第一部系统的著作。《乐记》是对先秦音乐艺术实践的理论总结，又是后世美学思想的理论基石。

《乐记》以乐为用，以礼为体，系统地阐释了儒家传统的礼乐文化，强调以音乐感化人心、陶冶性情，以音乐移风易俗、凝聚人心，以音乐促进社会和谐，达到"大乐"的完美境界。

科技文明的标志：《考工记》

先秦时期的手工业，虽然在整个社会所占的比重并不大，但产生的效益极大。

手工业是一门需要生产者特别心灵手巧的产业，科技含量很高。勤劳智慧的中华民族，尤其适宜于这一产业。从原始时期到战国时期，先民向世界展示出了高超精湛的技艺，创造出了辉煌业绩，而《考工记》就是其标志之一。

《考工记》原是战国时期一部独立的手工艺技术专著。到了汉代，因为《周礼》中的《冬官》部分缺失，就把《考工记》顶作了《冬官》。

《考工记》是对整个先秦时期手工业生产技术的汇集、提炼、总结，又是对未来手工业生产的指导、规范、推进。

《考工记》对以往生产技术的总结，并不是简单地记述，它融入了科学理论的成分，进行了科学的分析与提高，使许多经验上升到了理论的高度。这也正是《考工记》的价值宝贵之处，标志着手工业生产在这一时期走向了成熟。

《考工记》全书虽然仅七千余字，但记载的范围很广，涉及当时的冶金、量器、兵器、工具、皮革、乐器、染织、玉器、陶瓷、车辆、建筑等各个技术领域。从工种来看，有"攻木之工七，攻金之工六，攻皮之工五，设色之工五，刮摩之工五，搏埴之工二"。由此可见，当时分工已经相当精细。

1. 车辆

古代中国的车辆相传是黄帝时代创制的，现在能见到的考古发掘车辆遗迹最早是商代的，但商代的车辆已经较为成熟，可以推测其产生的时间大概更早些。《考工记》记载的车辆制造技术，正是这许久以来车辆制造技术的总结。

《考工记》将一辆车分为四个主要部分，车轮、车盖、车舆（箱）、车辕（及车轴），由四部分工匠分别制作，反映出当时分工的精细与生产的成熟性。在这四部分中，车轮与车辕（及车轴）是最主要的两部分。《考工记》对这两部分的制造技术记载得十分详细，特别是一些技术的要点阐述得十分明确，体现出了当时制造技术的高超和精良。

2. 建筑

我们的先民从森林、山洞中走出后，为了自己的生活安宁，开始建造栖身之处，这就是房屋。现在所能知道的最早的房屋，是北方仰韶文化遗址中的半地下式房屋与南方河姆渡文化中的干栏式房屋。大约在夏代，开始出现较大型的宫殿建筑。西周时期的宫殿建筑，不仅规模更大，如陕西扶风召陈村西周晚期大型建筑群遗址，而且出现了瓦。到春秋战国时期，已经具备了后世宫殿建筑的基本格局与要素。

城市的出现，是在我国新石器时代晚期的龙山文化时期。奴隶制国家出现以后，城市开始大量出现。到春秋战国时期，更是星罗棋布。

由于战争的原因，一些诸侯国开始修筑长城，这为后来秦王朝修筑万里长城做了创造性的示范。

《考工记》的诞生离不开这些建筑所取得的成就，虽然书中没有详细记载具体的建筑技术（至多只有一些勘测定位技术），但它所记载的城市与宫室布局仍是后世的标范。特别是有关王城的布局——棋盘式与中轴式的格局从此成为历代王城的准则。

3. 兵器

在传说中，兵器是那位与黄帝争夺天下的蚩尤发明的。其实，战争与兵器早就已经产生了，弓箭的产生当然更早。

《考工记》记载的兵器有两类：一类是近距离格斗兵器，如戈、剑；一类是较远距离的射杀兵器，即弓箭。这两者，实则都是车战所用的兵器。相比之下，弓箭（主要是弓）的制造技术较为复杂一些。《考工记》对弓的制造记载得极为详细，从弓干到弓弦的材料、制作工艺、技术要点、具体尺寸、髹漆、使用等，极为详备。

4. 织染

古代中国的纺织技术卓有名声。早在七千年前的河姆渡文化中，就有了原始的踞织机。到了商代，又出现了多综片的提花机，能够织出复杂而高级的织物。西方的提花技术，是汉代以后由中国传入的。

纺织的发展促进了印染的发展。当时的染料有两大类：一类是矿物染料，一类是植物染料。

矿物染料的染法有两种：一种是浸染，另一种是画缋（即《考工记》所记载的）。

植物染料的染法以浸染为主，但有些植物必须用媒染剂才能有效。媒染剂的发现与使用，是化工技术与印染技术的一大突破，是古代中国又一项重要的成就。

《考工记》所载织染的内容较少，但像涑丝、画缋、染羽的技术，依然很有价值。

5. 陶瓷

陶器是原始时期人类的一大发明创造，有着万年以上的悠久历史。

陶器的革命性变化出现在原始社会的晚期与夏代，这时出现了一种以高岭土为原料的陶器，它的烧成温度已经达到 1000℃以上，烧成后的陶器呈白色，质地细密坚硬，明显超过了一般的陶器。白陶的出现，表明了瓷器的产生只是时间问题了。这时期还产生了釉陶，即在陶器表面施釉。

在这两个技术突破以后，商周之际终于产生了最早的原始瓷器——青釉器。它以高岭土为胎，烧成温度达到 1200℃左右，表面施以釉质，器体的吸水性极小，各项数据已经与瓷器基本近同。到了春秋战国时期，青釉器质量有了提高，与成熟的瓷器更为接近。与此同时，在西周中期的一些墓葬中，还出土了最早的原始玻璃——铅钡玻璃。

《考工记》记载了陶甗与陶簋的具体形制、尺寸，但没有记载具体的制作技术，是至为遗憾的。

6. 乐器

《考工记》记载的乐器有磬、钟、鼓三类。磬是玉质或石质的，钟是青铜的，鼓是木质蒙以兽皮的。

乐器的制造离不开制作工艺，更重要的是必须符合声学上的固定要求。就古代的技术而言，要一次达到要求的音准是不可能的，于是就有修正的技术（主要是磬与钟）。

《考工记》阐述了乐器的形制、厚薄与音律高低舒疾的关系。明了这一点，就能得心应手地修正已制成乐器的音准。这样的技术水平，让人深为赞叹。

"战略思想"的鼻祖《孙子兵法》

《孙子兵法》是我国古代著名的军事理论家和军事家孙武所著。在漫长的战争历史中，《孙子兵法》不仅影响了历代中国众多的政治家和军事家，还被世界许多政治家和军事家所推崇，被中西方共同奉为"战略思想"的鼻祖。

《孙子兵法》是我国现存最早的一部自成体系的军事学著作。它总结了我国春秋以前的战争经验，提出了一系列带普遍性的战争指导规律，它在我国古代军事学术和战争实践上起过重要的指导作用。《孙子》十三篇构筑的思想体系结构，大体上可分为两部分：一部分是宏观战略认识体系，一部分是微观战术认识体系。全书对战争的准备，战略计划的制定，战役的组织，战术手段的应用，以及行军、后勤保障、各种地形条件下的作战方法等都做了层次分明的阐述。每篇既是一个独立整体，篇与篇之间又互相照应，构成一个完整的兵学体系。

在《孙子兵法》的宏观战略体系中，包括《始计》《作战》《谋攻》和《军形》前四篇的内容。在这四篇中，孙武较深刻地论述了战争的制胜因素，强调了"庙算"的重要；强调了战争和政治、经济、外交、天文、地理诸综合因索的关系；提出了重战、慎战、利战的全胜主张，告诫将帅指导战争、组织战争、发起战争要审时度势，决不可轻率用兵；强调了以谋略胜敌，而不是以力胜敌的思想，指出最理想的境界是"不战而屈人之兵"。

在《孙子兵法》的微观战术体系中，大体包括《兵势》《虚实》《军争》《九变》《行军》《地形》《九地》《火攻》《用间》九篇。这些篇章具体阐述战争实施方面的具体原则和方法，如：要将帅在军队部署和兵力配备上形成一种压倒敌人的态势；要根据不同的敌情、我情、天候、地形和其他条件，灵活用兵；要掌握机动原则调动敌人；要发挥将帅的主观能动性，先造成敌虚我实的形势，然后"避实击虚"；要正确判断敌情，并注意整饬内部，以文武之道统军；要掌握各种地形条件下的战术运用原则；要懂得在各种不同地域形势下的用兵原则；要善于使用间谍以了解敌情，调动敌人；要了解火攻的特殊战法，等等。这之中贯穿的一条红线就是知彼知己，机动灵活，避实击虚，出敌意外，变化无穷。

漫长的中国历史造就了一代又一代的将帅和军师，其中撰写兵书的将帅也不在少数，但没有一个不是祖述孙子的，如孙膑、尉缭、张良、韩信、曹操、诸葛亮、李靖、岳飞、戚继光、曾国藩等。我国古代兵书，据近人陆达节《历代兵书目录》统计，上自黄帝，下迄明清，共有1300多部，但其中绝大部分已散佚或被淘汰，流传下来的有288部。由于条件所限，他们的著录遗缺很多。由于统计方法不同，也有人认为，历代著录兵书3000多部，存世2000多部。这些兵书中影响最大的当数《孙子兵法》。在古代兵书中，直接为《孙子兵法》校勘、注释、批点、直解、阐发、考证、辑佚和进行研究的著作就有312部，而我们今天仍可看到的还有207部。即使是后世的兵家作者，他们在书中或明引或暗取孙子的观点，并没有推翻《孙子兵法》所确立的兵学框架，他们所做的，多是根据时代的发展和战争手段的进步来补充孙子的兵学体系，使一些原则具体化。

《孙子兵法》不仅仅在军事方面哺育了我国一代代将帅，不仅仅是指导疆场厮杀和充当武学、武举的教范，而且影响到我国政治、经济、文化生活的各个领域，影响到我国近代、现代社会生活的各个层面，同时也传播到了全世界。

唐朝开元二十三年（735），《孙子兵法》就已传入日本。遣唐使吉备真备带回的《孙子兵法》被珍藏于皇宫之内，规定非皇室成员不得浏览。后来，他奉日皇之命，仅向六人讲授《孙子兵法》。日本历代将领都把《孙子兵法》当作用兵指南，奉之为圭臬。《孙子兵法》传入欧洲当以法国为最早。1772 年，巴黎出版了名为《中国军事艺术》的丛书，《孙子兵法》是其中的一部。据说拿破仑对这本书推崇备至，常在戎马

孙武像

倥偬中挑灯夜读。俄译本《孙子兵法》已有上百年的历史，是历届苏联军政领导人的必读之作。在西方世界，对《孙子兵法》研究最深的是英国，影响最大的也是英文译本。英国著名的战略家利德尔·哈特在他的军事学专著《战略论》的扉页上，引用前代著名军事家的语录 21 条，其中孙子语录就占 15 条，并放在最前面。他曾经高度评价孙子的"全胜"思想，认为孙子对战争的理解，其完整和周密是无法超越的。甚至英国元帅蒙哥马利访问中国时，在武汉会见了毛泽东，交谈中对《孙子兵法》赞不绝口，提出要把

它作为世界各个军事学院的教材。《孙子兵法》的德译本出现较晚，因发动了第一次世界大战而被废黜的德国皇帝威廉二世，流亡到伦敦后才读到《孙子兵法》。他无限感慨地说："我如果早 20 年读《孙子兵法》，就不至于饱尝亡国的惨痛了！"在越南战争时，驻越美军司令威斯特摩兰后来主张从越南撤军，他说他之所以转变态度是受了《孙子兵法》的启发，是以孙子的"兵久而国利者，未之有也"的理论为依据的。1989 年，美国海军陆战队司令艾弗瑞·格雷上将决定把《孙子兵法》作为陆战队官兵必读书的第一本，格雷在训令中说："孙子的作战思想在今天同 2500 年前一样适用，是当今实施运动战的基础。"20 世纪 80 年代，美国军界普遍深入地开展对《孙子兵法》的学习与研究。全美著名大学中，凡教授战略学、军事学课程的，无不把《孙子兵法》列为必修课。据不完全统计，美国民间有近百个研究《孙子兵法》的学会、协会或俱乐部。美国的"孙子研究"热还辐射到世界其他国家。

日本最先把《孙子兵法》由军事领域转移到商业领域。日本人普遍认为，商场如战场，营销如用兵。虽不见硝烟，不动刀枪，一旦失算，货压库房，破产倒闭，同战场一样残酷无情。而《孙子兵法》充满智慧，蕴含哲理，既可以为王者师，也可成为经营者师。日本松下电器集团，精密工业株式会社，索尼电器集团，汽车制造业的三杰——本田、日产、丰田等公司都用《孙子兵法》培训管理人员、指导经营，都取得了极大的成功。美国人也不甘示弱，许多跨国公司纷纷根据孙子思想制定竞争战略。哈佛大学商业管理学院开设《孙子兵法》课程，把《孙子兵法》中的"庙算""知己知彼"等观点引入现代管理学，要求学生熟背《孙子兵法》。

目前，《孙子兵法》的研究和应用涉及许多领域，如预测学、逻辑学、

心理学、人才学、情报学、管理学、系统论、决策论等。《孙子兵法》的译本达 25 种，版本超过 700 种。孙子的学说为一切谋求制胜之道的人们所借鉴、信奉。

总之，《孙子兵法》成为现代人的智慧库，成为世界各国人民争相挖掘的思想宝库。

知识链接

《孙子兵法》原理用于中医配药

清雍正至乾隆年间的名医徐大椿（1693—1771），行医五十多年，加之临床经验丰富，著有《医学源流论》。书中的"用药如用兵论"，借用《孙子兵法》的用兵之道，提出治病用药的十种方法。如其中的"以寡胜众"法，就是徐氏将《孙子兵法·谋攻篇》"十则围之，五则攻之，倍则分之，敌则能战之，少则能逃之，不若则能避之"的用兵之道，借用于治病而提出的观点。治病时他主张"一病分而治之，则用寡可以胜众，使前后不相救，而势自衰"。此外，他还提出了药物的攻补原则。他是将《孙子兵法》用于治病用药的典型代表人物。

著名军事著作：《尉缭子》

　　《尉缭子》是成书于战国中期的一部著名军事著作。作者尉缭是著名的军事家，系秦王政时的国尉，也有人认为他是魏惠王时期人。该书共 5 卷 24 篇，即《天官》《兵谈》《制谈》《战威》《攻权》《守权》《十二陵》《武议》《将理》《原官》《治本》《战权》《重刑令》《伍制令》《分塞令》《束伍令》《经卒令》《勒卒令》《将令》《踵军令》《兵教上》《兵教下》《兵令上》《兵令下》。前 12 篇论述作者的政治观和战争观，后 12 篇论述军令和军制。前 12 篇提出了许多精辟的论断，诸如"凡兵有以道胜，有以威胜，有以力胜……气实则斗，气夺则走"，以"庙胜"为"所以以夺敌者五"之首。在《武议》篇，作者引用吴起论将："将专主旗鼓耳。临难决疑，挥兵指刃，此将事也；一剑之任，非将事也。"后 12 篇是有关军事法规的内容。1972 年于山东临沂银雀山出土《尉缭子》竹简 36 枚，有《兵谈》《攻权》《守权》《将理》《原官》《兵令》六篇，内容与今本《尉缭子》基本相同。

　　尉缭，战国时期魏国人，著名军事家。其一生事迹史载不详，约活动于魏国由安邑迁都于大梁的历史时期。他于秦王政十年（前 237）入秦游说，被任命为国尉，故称尉缭。他帮助秦王出谋划策，主张用金钱收买六国权臣，打乱了六国的部署，从而促进了秦的统一。

《尉缭子》的军事思想主要包括以下三个方面。

第一，"尽人事"的"人和"思想。尉缭提倡发挥人的积极作用："先神先鬼，先稽我智。"即先去求神求鬼，不如先考查自己的智能。他还强调说："往世不可及，来世不可待，求己者也。""求己"就在于"举贤任能"。

国之治乱，军之胜负，关键在于能否充分发挥人的主观作用。书中说："有提三万之众，而天下莫当者谁？曰武子也。"善用兵者，"能夺人而不夺于人"，关键在于将帅要能使"众不二志"。所以，尉缭说："圣人所贵，人事而已。"这种"尽人事"的思想，是唯物主义和求实精神的结合。

《尉缭子》中还列举了将才应具备的十二事：不轻易改变决定，给人恩惠在于适时，机谋在于适应事物的变化，打仗在于激励士气，进攻在于出敌意外，防守在于隐蔽自己的力量，不犯错误在于掌握处理事情的分寸，不陷入困境在于事先有准备，谨慎在于警惕小事情上犯过失，智慧在于能治理大事，除奸害在于敢斩决坏人，得人心在于谦虚待人。

将才应戒备的十二事分别为：后悔在于狐疑失机，罪孽在于肆意屠杀，办事不公正在于私心重，不吉祥在于听到自己的过失，挥霍无度在于耗尽民财，不明事理在于受人离间，劳而无功在于轻举妄动，见识浅陋在于脱离贤能的人，惹祸在于贪图财利，招害在于亲近坏人，丧失土地在于没有认真防守，危险在于没有严明的号令。

第二，"兵胜于朝廷"的治军治本思想。书中指出，"战胜于外，备主于内，胜备相应"，即兵战胜于外，是由于内部准备充分。对此，尉缭提出：一要使"国富"，二要使"国治"。这反映出其治军在于治本，本治才有助于治军的思想。

关于如何治本，尉缭提出了"农战"的思想。他主张"使天下非农无以得食，非战无以得爵"。发展生产，使"野充粟多"，才能"安民怀远，外无天下之难，内无暴乱之事"。他认为，"农"是"战"的条件，"民扬臂争出农战，而天下无敌"。努力发展生产使人民不饥困，才能够积极搞好战备，城池也就不会被围困。

第三，"权敌审将而后举兵"的"必胜"作战原则。尉缭认为，"权敌"，即摸清敌情，才能因敌而动，从而以实击虚战胜敌人。尉缭认为，"权敌"通常是将帅的事情，因此他认为必须"审将"，即重视将帅的选用。

关于如何选用将帅，尉缭说："将受命之日，忘其家，张军宿野忘其亲，援抱而鼓忘其身。"身为将帅，在个性修养上，要心胸开阔，不能一激就怒；要品行清廉，不贪钱财；要无私无畏，衷心为国；更要以身作则，与士卒甘苦与共。在指挥意志上，要上不受天的影响，下不受地形的限制，中不受国君的掣肘。

《尉缭子》一书，在古代就被列为军事学名著，受到历代兵家推崇，在宋代与《孙子兵法》《吴子兵法》《司马法》等并称为"武经七书"。

赋诗与外交文化

　　春秋时期，在外交宴会等场合，宾主各方往往通过引用《诗经》中的诗句表达自己的意思，这种现象称为"赋诗"。

　　诗是一种综合性艺术，春秋时期的人们对诗是十分重视的。春秋时期的国际交往中，赋诗是很具有文化意蕴与艺术特色的一种外交活动。当时邦交活动中的赋诗，大致表现出如下几个特点：一是在宴飨、饯行等宾主觥筹交错的场合，大都要赋诗以显示各自的文化修养。如《左传·僖公二十三年》记载，公子重耳至秦，秦伯纳女五人，"他日，公享之。子犯曰：'吾不如衰之文也，请使衰从。'公子赋《河水》，公赋《六月》。赵衰曰：'重耳拜赐。'公子降，拜，稽首，公降一级而辞焉。衰曰：'君称所以佐天子者命重耳，重耳敢不拜。'"公子重耳之所以赋《河水》一诗，意欲表达希望岳丈大人协助自己回国即位的愿望。而秦穆公赋《六月》诗以回应，《六月》是描写尹吉甫辅佐周宣王击猃狁、匡扶王室的诗，所以赵衰认为秦穆公赋此诗显示其不仅同意帮助重耳回国即位，而且还暗含了希望重耳回国后，要致力于匡正王室的事业。因此，赵衰才马上让重耳降阶拜谢。这样，筵席上宾主双方都通过赋诗表达了各自的思想和情感。二是赋诗者不是君主就是卿大夫，都是贵族阶层。他们不仅位高权重，而且除齐之庆封、宋之华定等极少数不学无术的昏聩之辈外，大都受过良好的教育，因此赋诗也就成为他们之间交往的一种时尚潮流。三是赋诗是用《诗经》中赋、比、兴的手法，以含蓄、文雅的表达方式向对方表达自己的情感和愿望，达到感染或说服他人的目的。而春秋时期诸侯邦交中对赋诗的重视，无疑就是"以诗言志"的延展。《左传·襄公二十七年》记载，晋国的执政赵孟参加弭兵之会后路过郑国，"郑伯享赵孟于垂陇，子展、伯有、子西、子产、子大叔、二子石从。赵孟曰：'七子从君，以宠武也。请皆赋，以卒君贶，武亦以观七子之志。'子展赋《草虫》。赵孟曰：'善哉！民之主也。抑武也，不足以当之。'伯有赋《鹑之贲贲》。赵孟曰：'床第之言不逾阈，况在野乎！非使人之所得闻也。'子西赋《黍苗》之四章。赵孟曰：'寡君在，武何能焉？'子产赋《隰桑》。赵孟曰：'武请受其卒章。'子大叔赋《野有蔓草》。赵孟曰：'吾子之惠也。'印段赋《蟋蟀》。赵孟曰：'善哉！保家之主也，吾有望矣！'公孙段赋《桑扈》。赵孟曰：'"匪交匪敖"，福将焉往？若保是言也，欲辞福禄，得乎？'"四是赋诗者往往全然不顾诗的原意，只是断章取义地从原诗中截取一章或几章用以表达自己的意思。即使是同一首诗，不同的人在不同的场合吟咏出来，所要表达的意思也会不同。如《诗经》中的《鸿雁》一诗，原本是歌颂周宣王的诗篇，但《左传·文公十三年》记载鲁文公朝晋回来路过郑国，郑穆公在棐地宴请鲁文公，筵席中郑卿子家便赋《鸿雁》一诗。为什么呢？原来当时郑国与晋国之间的关系非常紧张，而《鸿雁》的首章中有"鸿雁于飞，肃肃其羽。之子于征，劬劳于野。爰及矜人，哀此鳏寡"之句，子家赋此诗的目的就是请求鲁文公再赴晋国，在郑、晋之间斡旋讲和。同书又记载，鲁襄公十六年，鲁穆叔出使晋国，在拜见范宣子时，赋《鸿雁》"鸿雁于飞，哀鸣嗷嗷。维此哲人，谓我劬劳。维彼愚人，谓我宣骄"，暗含责备之意。因为当时鲁国的强邻齐国恃强凌弱，多次侵犯鲁国，使得鲁国就像流离失所的鸿雁一样不得安宁，而作为诸侯霸主的晋国却无动于衷，不派兵救助。

赋诗的上述特点，在一定程度上构成了春秋时期贵族文化含蓄、委婉的表达特征，这样就要求赋诗者和听者都必须具备一定的文化素养和体贴入微的领悟能力。对于赋诗者来说，根据不同的场合和听众，选择恰当的诗篇来充分表达自己的心志，就显得尤为重要了。而这也是衡量听诗者道德水准、文化素养，甚至政治能力的重要标准之一。

正因为赋诗在春秋时期的外交及日常生活中占有十分重要的地位，所以当时的人们对诗也是非常重视，并将其作为学校教育的重要内容之一。春秋末期著名的教育家孔子，在其教育活动中就十分注意诗教。他认为："《诗》，可以兴，可以观，可以群，可以怨。迩之事父，远之事君。多识于鸟兽草木之名。"（《论语·阳货》）也就是说，在孔子的眼里，《诗》不仅可以训练人的思维能力，增长人的知识和才干，而且还可以陶冶人的情操。正是由于作为历史学家的他，看到了赋诗在国际交往中的重大作用，所以才认为："不学《诗》，无以言。"（《论语·季氏》）并极力主张在学习《诗》的过程中，要活学活用、学以致用，即："诵《诗》三百，授之以政，不达，使于四方，不能专对，虽多，亦奚以为？"

扩展阅读　屈原

　　屈原大约出生于公元前 340 年的楚国，比孟子和庄子略晚。他也是一个政治家，不过他留下了二十多首诗作，其中的《离骚》《天问》是几百句的长诗，涉及的内容从天地万物到人世政治，十分广泛。一般都把屈原当作楚辞的首创者，后继者有宋玉等人。楚辞具有很强的地域色彩，是用楚国方言写作的，能用楚国音乐诵唱。当然楚辞的一些用词在全国是通用的，特别是作为楚辞重要特征的"兮"字，在《诗经》中都已经出现了。

　　说屈原是楚辞的首创者，指的是他在总结楚国民间诗歌的基础上，进行了发展和再创造。屈原"博闻强志，明于治乱，娴于辞令"，不过他一生坎坷，曾做过楚国的高官，一度还颇得楚怀王的信赖，但"忠而被谤，信而见疑"，最终自沉而死。屈原所处的战国时代，周王室衰微，诸侯国群雄并起，秦国是楚国最强劲的对手。屈原把秦国视为"虎狼之国"，但他的见识使楚国上层的亲秦派视他为眼中钉，因此屈原屡受诽谤，为楚怀王所疏远，被迫离开楚都，"故忧愁幽思而作《离骚》"。后来他一度重回楚国故都，那是在楚国受到秦国攻击的危急时刻，他被派往齐国成功搬来救兵解围，回国之后任三闾大夫。秦国与楚国联姻，怀王的幼子子兰以"奈何绝秦欢"为由，坚持要楚怀王去秦国，屈原坚决反对。楚怀王此去果然被囚，竟客死于秦。秦军连年压境，屈原怒诉子兰之不智，得罪了子兰。继位的顷襄王是子兰的哥哥，子兰通过上官大夫进谗言奏效，屈原被顷襄王放逐到更远的地方。屈原在外流放多年，对楚国尚心存一线希望，直到公元前278年，秦军攻陷了楚国的首都，此后，又一步一步地南移，在公元前277年逼近了屈原的流放地。屈原涉江过水，退了又退，最后到达了汨罗江。此时楚国大势已去，最终难逃被秦国吞并的命运。屈原不愿当俘虏，对楚国也彻底绝望，于极度悲愤中投入汨罗江自尽而亡。楚国人都知道使得楚怀王客死异国的是公子子兰，而遭到放逐的却是屈原。楚国为秦所逼，屈原是最早洞察了秦国野心并提出警示的人，因此国人都为他鸣不平，同情他的遭遇。屈原投江的日子是旧历五月五日，人们为了纪念他，每年的这一天都举行龙舟比赛，并包好粽子投放到江中。以后这一天就成为中国人共同的节日——端午节。

屈原是中国第一位大诗人，他的爱国情怀，"举世皆浊我独清，众人皆醉我独醒"的精神追求，直道而行的人生信念，都给后世文人以巨大的影响。

第七章

流光溢彩
——打开后世艺术之大门

　　春秋战国时期持续了几百年。在此期间，各诸侯国独立发展，形成了诸如中原文化、北方文化、齐鲁文化、楚文化、吴越文化、巴蜀滇文化等不同的文化氛围。学术上诸子群起、百家争鸣，各种艺术形式也蓬勃发展，有声有色。春秋战国除了有硝烟战火、名将贤君，在艺术方面的成就也是令人叹为观止的，多功能的青铜器、栩栩如生的帛画、乐舞等，均闻名于世。

中国画的起源：帛画

中国帛画源远流长。绢、绮、罗、纱、绫、绸等丝帛制品，是中国人最早用于书写、绘画的平面载体，书写在帛上的文字称之为帛书，绘制于帛上的画称之为帛画。帛画已有三千多年历史，可以说是中国画的起源。

目前存世的战国帛画大多出土于先秦古墓，是一种绘制在帛或者其他丝织物上面的艺术。一般以墨线勾描，线条有力，顿挫曲折富于节奏的起伏变化，用黑白组合，使画面具有一定的装饰趣味。内容以人物和神怪为主。

战国时期是中国封建社会的开始，文化艺术都较为丰富，呈现出一派繁荣景象。绘画艺术已经相当成熟，帛画的线条流畅，造型准确，充满现实与幻想相结合的浪漫主义精神。

战国帛画中以人物画居多，例如《人物龙凤帛画》和《人物御龙图》就是战国帛画中的精品。这两幅画可谓同一时代的姐妹篇，二者从制作的时代到风格技法大体相同，但是《人物御龙图》在绘画技巧上比前者更趋成熟。

《人物御龙图》是迄今发现最早使用金粉的作品，人物用流畅的线条勾描，再施以平涂和渲染，画中龙、鹭、舆盖基本用白描勾勒，表现出绘画者纯熟的绘画技艺和精细的观察能力。《人物御龙图》于 1973 年在长沙楚墓中出土。画面中心绘一有胡须的男子，侧身直立，腰佩长剑，手执缰绳，驾驭着一条巨龙。龙头高昂，身平伏呈舟形，翘起的尾上立一只鹭，圆目长嘴，顶有翰毛，仰首向天。画中人物上方有一舆盖，三条飘带随风拂动。绘者较好地把握了从细微的局部来烘托主题，画中龙、人物都面向左，而人物的飘带、舆盖上的饰物则向右，表现出一种较强的方向性和人御龙出行时的动感。

《人物御龙图》中的男子可能是墓主的侧面肖像，画中男子，高冠岌岌，长剑陆离。而白鹭象征着男子的人格风范，同时白鹭又是传说中仙境之鸟。整幅帛画表现出了男子走完了尘世历程，踏上天游之行。御龙乘风，白鹭相随，表现出男子器宇轩昂的气度。这种艺术的表达，反映出中华民族对生死的独特看法。

中国传统文化中，龙被视为神物，它可以载人或神上天或遨游太空，两幅画中龙的形象表现出先民们征服自然的浪漫主义气质，反映出了先民们对人死后灵魂不灭、乘龙升天的愿望。

战国帛画在题材内容和表现手法等方面有着相同之处，它们实际的用途都是作为葬仪中的"铭旌"。帛画的内容大多是墓主人的灵魂在龙凤的引导或负载下飞升天国，画中的人物形象都是墓主人的肖像，人物都为正侧面的立像。

知识链接

漫说帛画

帛画因画在帛上而得名。帛是一种质地为白色的丝织品，在其上用笔墨和色彩描绘人物、走兽、飞鸟，以及神灵、异兽等形象的图画，约兴起于战国时期，至西汉发展到高峰。帛画为后期绘画的发展奠定了基础。

 春秋战国时的民间音乐

春秋战国时期，"巫"垄断音乐的局面被打破，出身微贱的音乐家像雨后春笋一般出现了。

卫国有个歌手，名叫王豹，因为住在淇水旁边，受其影响河西的居民也善于唱歌。齐国有个歌手，名叫绵驹，因为住在高唐，受其影响齐国西部的居民善于唱歌。

秦青是有名的歌唱家，薛谭向他学习唱歌，但没等学完全部方法技巧就要辞归。秦青在郊外为他饯行，一面击节一面放歌，那歌声在林木间震荡，连天上的行云也被阻住了。薛谭听了，十分羞惭，就请求留下来，以完成学业。"响遏行云"的成语即由此而来。

有个女子叫韩娥，她到齐国去，路上没有东西吃了，就在雍门卖唱乞食，等她走后，那歌声仍然在房梁间回响，三日不绝，以至人们都以为她没有离开。韩娥经过旅舍时，受到旅舍一些人的凌辱，于是拉长声音边唱边哭，乡里老少，都感动得涕泪交流，三天吃不下饭，便急忙把她追回来，韩娥又长声曼歌，乡里老少欢喜雀跃，手舞足蹈，竟忘了先前的悲痛。从此雍门的人也善于歌唱了。"绕梁三日"的成语就是从这个故事而来的。

宋玉在《对楚王问》中还提到楚国一个歌手的故事：他在楚国都城郢唱歌，开始唱的是《下里》《巴人》，城中可以随着他唱的有数千人；后来他唱《阳阿》《薤露》，城中可以随唱的有数百人；当他唱《阳春》《白雪》的时候，随唱的有数十人；等到他运用转调手法，并掺入"流徵"时，能随他一起唱的只有几个

伯牙与钟子期

人了。这说明了曲调技巧愈高，相和的人就愈少。由此而产生了"曲高和寡"的成语。

在器乐演奏方面，俞伯牙、钟子期的故事最为后人所称道：伯牙善于弹琴，而钟子期善于欣赏。当伯牙以琴声表现高山的意境时，钟子期就赞叹道，太美了，巍峨高大，犹如泰山！当伯牙用琴声传达流水意境时，钟子期就赞叹道，太好了，浩浩荡荡，犹如江河！伯牙意趣所到之处，钟子期必能领会。二人外出游历，来到泰山之北，突然碰上暴雨，只好在岩石下面

栖身。伯牙心中悲伤，取出琴弹奏起来，开始表现狂风暴雨，然后表现地裂山崩，钟子期每每能深刻地理解其中的情趣。伯牙把琴丢在一边，感叹道："好啊，好啊，你欣赏音乐，能准确地把握我的构思，我逃不出你敏锐的感受力。"后来，钟子期死了，伯牙失去了知音，终身不再弹琴了。

师旷是春秋时期有名的音乐家，一次，他用瑟为晋平公演奏《清角》，引得天神降落人间。第一次演奏时西北飘来乌云，再奏时暴雨大作，帷幕裂开，廊瓦落地，众人惊恐走散，平公吓得身患重病。从此晋国大旱三年……

音乐艺术的发展，不但体现在这些专业歌唱家和演奏家身上，在春秋战国时期，几乎社会各阶层的成员都喜好音乐，这方面的例子很多：《诗经》中的 305 首诗歌，"孔子皆弦歌之"，而且能用琴演奏《文王操》。庄子妻子死后，庄子鼓盆而歌。伍子胥出昭关后，来到陵水，没有东西吃，就匍匐膝行，"鼓腹吹篪，乞食于吴市"。渑池会上，秦王让赵王鼓瑟，蔺相如则迫使秦王击缶。荆轲刺秦王时，燕太子丹等人送行，至易水，高渐离击筑，荆轲慷慨悲歌，众人也放歌送别："风萧萧兮易水寒，壮士一去兮不复还。"荆轲行刺失败而身死。高渐离以铅置筑中，在为秦王演奏时挥筑击秦王，亦不成而身死。两位刺客都与音乐结缘。

这类记载还有很多，说明俗乐在民间有着深厚的基础。

知识链接

郑卫之音

郑卫之音是指郑国和卫国两地的音乐。西周建国后，周武王把殷氏士族作为奴隶分封给自己的弟弟管叔和蔡叔，分别建立卫国、鄘国，将商朝旧地朝歌封给了商纣王的儿子武庚，以前者监视武庚。《史记·周本纪》曰：
"武王为殷初定未集。乃使其弟管叔鲜、蔡叔度相禄父治殷。"由此可知，西
周统治者是用自己的亲信来监视殷商遗民七族，以防作乱。周武王死后，
他所担心的事终于发生了。管叔、蔡叔勾结武庚叛乱。周公旦率军镇压，诛
杀武庚、管叔，流放蔡叔，把武庚、管叔、蔡叔分封的领地都归于康叔。周
武王的另一个弟弟，构成春秋战国时卫国的版图，周宣王二十二年（前
806)，封其弟姬友于郑邑，建立郑国，后来东迁河南新郑，其疆域相当于今
河南中部。由此可知，郑卫两国，是原商朝遗民聚居区。在此基础上我们理
解"郑卫之音"就不难了，郑卫之音是殷商遗音，是商朝的民间音乐。

春秋战国的乐舞文化

西周统治阶级所推崇的雅乐舞，在相当一段时间里，一直是作为统治
手段、教育方式和审美娱乐来使用的，其他歌舞被排斥在大雅之堂之外。
经过一定的历史发展，又走到了转折阶段。西周末年，周幽王被杀死在骊
山下，西周结束，东周建立。这是我国历史上一个动荡变革时期——春秋
战国时期。此时，封建领主制向封建地主制逐渐过渡，周王室已失去对诸
侯的控制能力，礼乐制度也随着西周王权的丧失而开始动摇崩溃。雅乐舞
制度已不再像从前那样，被当作法规严格遵守。诸侯士大夫们在王室政权

被削弱、自己的权势日益增长的情形下，公开按天子规模用乐。

最典型的例子是鲁国的大夫季孙氏，在自己的家庙中，用天子的乐舞规模，被孔子痛斥为"是可忍，孰不可忍"。此时，诸侯大夫僭越礼乐制度的行为已相沿成风。同时，雅乐舞本身的发展，已在祭祀典礼仪式中变为程式，过分强调理性和社会伦理道德的审美规范，已不能适应社会发展中人们日益更新变化的审美需求。人们不喜欢观看雅乐舞了，这种声音首先还是来自统治阶级自己。

战国初，魏文侯曾坦白地承认，自己按照礼仪要求端冕而坐，欣赏雅乐，总不免打瞌睡，但欣赏不属于雅乐的其他乐舞总觉得兴奋。齐王也曾向孟子表白，自己所喜爱的并非是"先王之乐"的雅乐舞，而是"世俗之乐"的民间歌舞。可见，在社会政治的变革中，雅乐舞赖以生存的土壤逐渐削弱。匡正约束人们的伦理道德已在动摇，"礼崩乐坏"势所必然。同时，已存在的地方民间歌舞，在"周室大坏，诸侯恣行""制度遂坏"的社会动乱之中，获得生机，即所谓"桑间、濮上，郑、卫、宋、赵之声并出……"民间歌舞原在西周一直被官方排斥压制，那种自由纵情的歌舞不被礼乐体系所接受，但是，社会的变革，使得民间歌舞获得发展。

关于春秋战国时期民间歌舞的情况，在《诗经》中有不少反映。早在西周初，王室就有"采风"制度，不少民间诗歌被收集整理。《诗经》中部分诗歌原是舞曲歌词，这些歌词有不少是直接描写民间歌舞情态的。如《陈风·东门之枌》《陈风·宛丘》《王风·君子阳阳》等诗篇中，直接描绘了青年男女歌舞和相爱的场面和情景。《诗经》中除了记载各地民间歌舞外，在雅、颂部分，还保留了宫廷祭祀典礼等仪式的乐歌颂词和贵族士大夫所作乐歌，它们反映了周代雅乐舞的情况。

春秋战国时期，民间祭祀性巫舞也很盛行。各诸侯国虽然风俗不同，但巫舞之风普遍流行，其中楚国巫舞最有代表性。位于江汉流域的楚国，信巫好祠，歌舞娱神。著名诗人屈原所作的《九歌》，就是根据楚国民间祭祀乐歌素材创作而成。《九歌》共十一篇，有独舞、群舞、歌舞和伴唱等场面描绘，反映当时楚国巫舞活动及其情况。

春秋战国时期，随着"礼崩乐坏"，代之而来的是从各地民间歌舞发展起来的表演性舞蹈，为统治阶级所喜爱欣赏。在这种发展趋势中，各地优秀乐舞艺人涌现并集中在贵族之家和诸侯后宫。诸侯及贵族阶级在王室权力削弱、自己的势力增长的现实中，抛弃原有的理性及伦理道德，进而追求感官享乐，"耳目极欲声色之好"。统治阶级一般都受过乐舞训练，宴饮歌舞、自娱而舞的风气普遍流行。

这一时期，女乐、倡优队伍不断扩大，从而推动了舞蹈的发展。舞蹈艺人技巧水平很高。史籍记载，燕昭王时，"广延国"舞女旋娟、提嫫身怀绝技，擅长表演舞蹈《萦尘》《集羽》《旋怀》，她们身肢柔软，体态轻盈，在铺上四五寸厚香屑的席上跳舞，竟"弥日无迹"。关于这一时期舞蹈及技巧的发展状况，可从史籍记载和出土文物中窥见一斑。长袖、细腰是舞人的特征，抚琴、跕屣、扭转腰身，飘逸轻盈是舞蹈的特点。

"心平德和"的音乐教育

　　"心平德和"一语出自《左传·昭公二十年》所记晏婴与齐景公的谈话，原是就"和""同"之辩而展开的问答。其中谈到："先王之济五味，和五声也，以平其心，成其政也。声亦如味，一气、二体、三类、四物、五声、六律、七音、八风、九歌以相成也；清浊、大小、短长、疾徐、哀乐、刚柔、迟速、高下、出入、周疏以相济也，君子听之，以平其心，心平德和。"

　　晏婴谈道，先王协和五声的目的，就是使人心归于平和，成就其政事。晏婴还进一步谈到，要通过具有一定艺术规范形式、具相成相济谐和属性的音乐（包括其多种表演形式），使人由内心的平和达到道德行为的和顺，最后实现"成其政"的治国目的。这里，已经包含有通过音乐改变人心、教育人心的乐教思想在内，这实际上是一种新时期的礼乐思想。晏婴乐教思想的特殊意义在于，他既突出了音乐形式美感的谐和性对人心的作用，同时也强调了音乐审美中产生的平和情感心理对于国家政治稳定的重要作用。当然，我们也必须指出，晏婴所描述的音乐形式特征的谐和，在当时也是具有某种规范性的，至少是与诸如郑卫之音的表现形式是不相同的。

　　从晏婴的表述中，我们已经可以看到先秦同类乐教思想中"声和—心和—人和—政和"这样一种思维模式。《国语·郑语》记载，史伯回答郑桓公"周其弊乎"的询问时，由对周幽王昏暗政治现状的批评谈到，"故先王以土与金木水火杂，以成百物。是以和五味以调口，刚四肢以卫体，和六律以聪耳，正七体以役心，平八索以成人，建九纪以立纯德，合十数以训百体。……夫如是，和之至也。"史伯是从"和""同"之辩谈起，批评周幽王"去和而取同""弃高明昭显，而好谗慝暗昧"，提出"夫和实生物，同则不继"，进而从"和五味以调口""和六律以聪耳"谈到如何"役心""成人""立纯德"等。史伯的思想仍然是在感性的与心理的、心理的与政治的事物之间建立起一种联系。

《左传·昭公元年》记录了较晏婴要早的秦医和为晋平公治病时所述说教性的言论。由于医和明显是针对过于追求声色之乐（所谓"近女室，疾如蛊"）引起疾病的症结而发，因而使其言论带有更浓厚的乐教色彩。历史上的晋平公"悦新声"（《国语·晋语八》），耽溺于女乐声色娱乐，针对其行为，医和的言教是："先王之乐所以节百事也，故有五节，迟速本末以相及，中声以降。五降之后，不容弹矣。于是有繁手淫声，慆堙心耳，乃忘平和，君子弗听也。"

由此看来，医和的乐教，甚至具体到对音阶音列的限定，即凡是五声音阶以外的音，都是"不容弹"的"繁手淫声"，自然是不应该听的了。至于纵情声色娱乐而使心志惑乱的音乐行为，则更是不应该的了。医和的乐教思想仍可用"心平德和"来予以概括。

有关春秋时期宫廷中卿大夫和陪臣、乐官、医官的音乐教育思想，《国语·周语下》关于单穆公、伶州鸠就周景王铸钟之事发表各自意见的记载，是有关先秦音乐教育思想的重要文献。其论说可视为同类乐教思想中最为系统和完整的理论表述。

公元前 522 年，周景王要铸一套无射律编钟，为了满足听觉美感的需要，周景王要在无射宫下方小三度的林钟律位，再铸一具大钟（无射之羽），以扩大编钟的音域。但是，此事遭到单穆公（周景王卿士）的反对。单穆公反对的理由有三：一是国家财政金融上的原因，"作重币以绝民资，又铸大钟以鲜其继"；二是听觉审美上的原因，"听之弗及，比之不度，钟声不可以知和"；三是政治上的原因，"若视听不和而有震眩，则味入不精，不精则气佚，气佚则不和。于是乎有狂悖之言，有眩惑之明，有转易之名，有过慝之度。出令不信，刑政放纷，动不顺时，民无据依，不知所力，各有离心。上失其民，作则不济，求则不获，其何以能乐？三年之中而有离民之器二焉（指铸重币与铸大钟），国其危哉"。

周景王又去问乐官伶州鸠。伶州鸠的劝阻理由也有三：一是"用物过度妨于财"；二是"细抑大陵，不容于耳，非和也"；三是"匮财用，罢民力以逞淫心，听之不和，比之不度，无益于教，而离民怒神，非臣之所闻也"。

单穆公与伶州鸠劝说的内容，不但都具有乐教的意义，而且也都是循着"声和—心和—人和—政和"的关系与思路来展开论述的。例如，单穆公谈道："夫乐不过以听耳，而美不过以观目。若听乐而震，观美而眩，患莫甚焉。夫耳目，心之枢机也，故必听和而视正。听和则聪，视正则明，聪则言听，明则德昭，听言昭德则能思虑纯固，以言德于民，民歆而德之，则归心焉。上得民心，以殖义方，是以作无不济，求无不获，然则能乐。夫耳内和声而口出美言，以为宪令，而布诸民，正之以度量，民以心力从之不倦，成事不贰，乐之至也。"

伶州鸠也谈道："夫政象乐，乐从和，和从平，声以和乐，律以平声……夫有和平之声则有蕃殖之财，于是乎道之以中德，咏之以中音，德音不愆，以合神人，神是以宁，民是以听。"

由单穆公与伶州鸠的谈话内容，可以看到其中具有相当鲜明的乐教意识，或者说是新时期的礼乐教化思想，其理论一方面继承了西周的乐教传统，另一方面又带有一定的时代特征。这主要体现在，于传统乐教思想中输入并且突出强调了"和"的观念，由此在"声""心""人""政"之间建立了一条可以沟通的纽带，并且使"和"的概念扩展到其间的各个方面与关系上。与此同时，在论述乐教的必要上，比以往更为注重音乐审美感性体验中的情感因素，更为注重音乐听觉心理现象与社会生活的联系。

"心平德和"的音乐思想，从整体上看，可以视为春秋中期乐教理论的主要核心。无独有偶，在公元前 522 年同一年中，齐国的晏婴与周王室的单穆公、伶州鸠，都对与乐教思想相关的音乐和政治教化的问题，进行了程度、范围不同的阐发。

突飞猛进的漆器艺术与漆画

　　春秋时期，在我国漆器工艺史上处于渐进发展的过渡阶段。湖北发现的这一时期的漆器，其器类和数量都较少，且都为木胎。主要有漆簋、盨、豆、方壶、俎、瑟和镇墓兽等。其器皿的造型和装饰纹样，颇具特色。

　　战国时期，漆器工艺的发展突飞猛进，其艺术成就在我国古代漆器史上具有划时代的意义，无论是制作工艺、器皿造型，还是装饰纹样和装饰手法等方面，都提高到一个崭新的水平。

　　综观战国时期的漆器，以木胎为主，并有陶胎、铜胎、皮胎、夹苎胎、竹胎、骨角胎，其中尤以厚重的木胎为多。战国早期的漆器，主要是厚木胎。战国中期的漆器，厚木胎依然占主流，但已出现了薄木胎和夹苎胎的雏形。到了战国晚期，薄木胎和夹苎胎的漆器明显增多。或许是因为薄木胎漆器缺少坚固性和耐久性，或许是为了装饰和美观，在战国晚期的楚国漆器中加嵌金属（有金、银、铜的钮、耳、足和扣箍，一般在器物的口部和底部）的贵重漆器增多了，这就是扣器。它成为战国漆器中的珍品。皮胎漆器主要有漆盾和漆甲胄，竹胎漆器主要有漆卮，这两种胎质的漆器都比较少。

　　木胎制漆主要有斫制、挖制、卷制和雕刻四种。豆、勺、案、几、俎、扇把、梳、篦、弓、盾、戈杆、矛杆、剑鞘、瑟等，一般是用斫制法制成的。鸳鸯盒、扁园盒、樽、卮、食具盒、酒具盒、剑盒、耳杯等，一般是用挖制法制成的。用卷制工艺制造漆器出现在战国中期，其器物有卮、樽、圆奁、椭圆奁等。雕刻制漆器主要是一些动物造型的陈设用品，如鹿和凤、镇墓兽、木雕坐屏、虎座飞鸟、鸳鸯豆等。实际上，在一件漆器的制作过程中，上述几种方法往往同时使用。

战国时期的漆器，最常见的是日常生活用品，其次是军事和文化娱乐用品。有些漆器显然是模仿铜器和陶器制作的，如豆、禁、盘、盒等。这是器物发展、延续和继承的结果。一些构思精巧的模仿动物造型的作品，多出现在楚国和受其文化影响的漆器中。例如，曾侯乙墓出土的漆鹿和鹿座飞鸟、江陵天星观一号墓中出土的虎座飞鸟、江陵望山一号墓中出土的镇墓兽等，构思独特，想象雄奇，成为楚人心中的神物，它们是漆器制作受楚国文化中巫文化传统影响的体现，而鸳鸯豆、鸳鸯盘等则反映了楚国文化浪漫的因素。

楚国漆器的装饰大量运用漆画。这些漆画基本上可以归纳为两大类，即反映社会生活和描绘神话传说。前者常以贵族、乐师、舞女、猎人、巫师等人物形象为主体，以各种鸟兽、花草、树木、车马以及一些连续图案为陪衬，组成车马出行、歌舞奏乐、狩猎、烹饪以及巫师作法等内容的画面。楚国漆器的装饰艺术是与其造型艺术、绘画艺术同步发展的。其装饰手法主要有描漆、描金、镶嵌、针刻等。描漆是最常见的手法，虽然只是用笔蘸色漆在有漆地的器物上涂画，但由于色彩的运用和搭配掌握得好，一个光怪陆离、富丽堂皇的世界便跃然而出。楚国漆器的描漆技法比较讲究线条的流动之美，各种花纹的勾勒流畅不滞，韵味无穷。平涂设色之中兼施渲染，

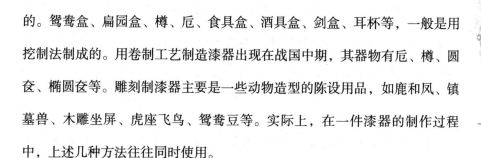

单线勾描之中又有风格的变化，有粗有细的线条显得疏密刚柔适当，有淡有浓的着色又常常透出深浅之别。其着色讲究色调的和谐及色彩的艳丽，主要采用红、黑、黄、蓝、褐、金、银七种颜色，尤以红、黑二色使用得最多。

春秋战国时期的漆画，是附属于漆器上的装饰图案，与具体器物的实际功能密切相连，不少漆画的题材内容、表现技法，足以反映时代风貌和艺术水平。漆画的承载体漆器大致可分为两大类：一是纯与丧葬制度有关的物品，如漆棺；二是日常生活中的实用器皿，后用作随葬品，如漆盘、漆奁。第一类漆器较为少见，所绘的漆画也大多与巫术内容有关，表现出浓厚的神秘色彩。第二类漆器发现较多，画面内容多与社会生活相关，有的甚至直接描绘人们的生活场景，可视为古代生活的风俗画。

战国漆器

这些漆画色彩斑斓、花纹繁丽，无论禽兽、神怪，还是人物的造型，都夸张生动。与以前的装饰绘画相比，在装饰性和描绘性的有机融合方面，对物象情态的体察和表现方面，都显示出了长足的进步。其中的装饰纹样虽然来源于前代青铜器和玉石器的云雷纹、夔纹、凤纹、蟠螭纹、蟠虺纹等纹样，但这些纹样在被重新分解、打散、变形后进一步图案化。云雷纹等自然气象纹，在当时漆器的装饰纹样中占据突出地位。常见的有纯用云气纹或转化为云形结构的龙凤纹组成的画面，这些纹饰萦回舒卷、飞舞灵动，给人以大气盘旋般的深邃感和生命机能的活跃感。在色彩方面，漆画多以红、黑两色为基调，此外还使用了黄、蓝、绿、白、褐、金、银等十多种色彩，造成对比强烈、变化丰富、富丽堂皇的气象。

春秋战国时期的漆画发现较多，在湖北、河南、湖南的楚国墓葬中出土了许多漆画，其中最具代表性的是曾侯乙墓出土的漆画。这批漆画主要是绘在棺椁、漆盒、衣箱、皮甲等器物上的。绘在棺椁上的龙、蛇、鸟、鹿、凤、鱼等动物图案有八百九十五个之多，在内棺的壁板上，还绘有十六个神兽和羽人。曾侯乙墓出土漆衣箱五件，箱呈长方形，盖作圆拱隆起。箱内髹红漆或黑漆，箱外以黑漆为地，用朱漆描绘花纹。五件器物的顶部及旁边的朱漆图案均不相同，有两件图案可明显看出与天文和天上的神话传说有关，其中一件在箱盖当中绘有北斗，两旁绘青龙、白虎环绕着北斗，按顺时针方向写着二十八宿名称。由此可见，我国早在战国初期就已经有了二十八宿的观念，并且与青龙、白虎及北斗联系在一起。另外一件在箱盖上阴刻着"紫锦之衣"四字，并绘有扶桑、桂树、太阳、月亮、玉兔、伏羲、女娲及后羿射日的神话故事，具有较高的艺术价值。皮甲先以黑漆为地，再用红、黄等颜色描绘出由龙、凤、鹿集合图案组成的画面。鸳鸯形漆盒整体似鸳鸯，颈下有一圆柱形榫头，插入器身，使头部可以自由转动。器表以黑漆为地，再用朱红、金、黄、粉绿等色彩描绘羽翎纹、波折纹、对角纹等装饰图案，在器腹的左右两侧，各绘有一幅巫术气氛极其浓厚的乐舞画面，一为"撞钟击磬图"，一为"击鼓起舞图"，绘画采用勾线和平涂相结合，线条婉转自如，笔力流畅，色彩鲜明。总体构图方式疏密有致，灵活多变。在描绘形象方面，出于装饰图案的需要，舍弃了若干细部形象的刻画，而致力于人物、神怪、动物动态和器形特征的塑造。在色彩运用方面，较多地使用了朱、黑两色，同时又增加了石黄、石绿、金、银等颜色，提高了色彩的表现力，使漆器更加富丽堂皇。

 春秋战国的铜器画

春秋战国时代，青铜工艺造型精巧，形制轻便适用，且多样化发展。制作工艺上尤其重视器物的外观，器物上除了布满表面的花纹外，为了使器皿更加华美，还设法利用金、银等贵金属装饰表面或嵌错花纹，发展出了鎏金、镀银、错金银等精美的技术工艺。并开始借用绘画艺术中线条造型的基本手法和复杂的构图，采用镶嵌和锥刻等技术，在器物表面刻画出各种建筑、车马、人物、鸟兽以及神话图像，构成战争、狩猎、宴乐等画面，用于表现各种现实生活场景和神话题材。

由此形成了当时绘画的一种特殊表现形式——铜器画。已经发掘出土的春秋战国时代以现实生活场景为题材的青铜器画多达30件，其中著名的有河南汲县出土的水陆攻战纹鉴、故宫博物院藏宴乐渔猎攻战纹壶、河南辉县出土的宴乐射猎纹鉴、四川成都百花潭出土的宴乐攻战纹壶等。这些铜器画场面宏大、人物众多，构图有条不紊，造型活泼自由，充满韵律感。从此，现实中人们生活的主题大量进入绘画领域。可以这样说，铜器画无论题材内容，还是表现手法，都为汉代的画像砖和画像石开了先河。由于制作工艺不同，铜器画又可分为铜器镶嵌画和铜器锥刻画。

所谓铜器镶嵌画，主要用于装饰器壁较厚的青铜器，如鉴、壶的外壁。制作时，先在器物的表面按照画面构图及具体形象刻出沟纹，将红铜嵌入，然后将表面错平，成为以青铜为衬地、以红铜为图纹的镶嵌画。所谓铜器锥刻画，主要用于装饰器壁较薄的青铜器，常常刻在盘、洗等大敞口的浅腹器皿的内壁面上，也有的刻在缶、奁等器物的外表上，内外壁面都有刻纹的极少。制作时以高硬度的刻刀锲刻，完全以线条勾勒表现形象。它的线条有两种形式：一种是由连续锲刻的点组成线条，一种是基本连续的线条。

宴乐、射猎、采桑等题材普遍见于镶嵌画和锥刻画中，但水陆攻战等战争题材却仅见于镶嵌画中。所以，凡有水陆攻战画面的鉴、壶，往往都具备纪功的意义。透过庞大复杂的青铜画面——采桑、狩猎、习射、宴乐、水陆攻战等，可以看出当时的工匠已具有相当高的构图能力和塑造形象的能力，已经初步掌握均衡对称、对比等艺术法则。

至今发现的铜器镶嵌画多为战国时期的作品，画面常常分成上下数栏，形成围绕器物外壁的装饰花纹带，将其展示则成为长条状的画面。根据考古发掘资料，在今天的河南、山东、安徽、四川等省春秋战国墓葬中，都发现过在青铜器上嵌错图纹的实例。但较早的春秋时期的作品，仅仅以红铜嵌错出兽形纹，还没有形成由建筑、人物、车船等组成的完整的主题画面。1935年，在河南汲县战国墓中发掘出土的水陆攻战纹青铜鉴，表面错嵌着水陆攻战图像，为主题镶嵌画的代表作。有图像40组，286人，表现了格斗、射杀、划船、击鼓、犒赏、送行等种种姿态。20世纪60年代，在四川成都市百花潭战国墓中出土的一件青铜壶，器表分上、中、下三栏，嵌错出习射、采桑、宴乐、战斗等画面，还有一些兽纹图案。此外，一些传世的鉴、豆等青铜器上，也带有镶嵌画，题材有狩猎、弋射、采桑等内容。锥刻画也可分为神话题材和真实的社会生活题材两类，但是这两类题材很少出现在同一幅画面内。在写实的画面中，常常以一幢建筑为中心，室外列鼎烹煮，室内设案陈尊。主人在室内宴饮宾客，奴仆小心伺候，为他们从尊中倒酒，从鼎中取肉，不断将盛满酒浆和食物的觯、豆捧送到席前。宴饮时还设置乐舞，陈列着编钟、编磬、鼓、琴等乐器，乐师演奏，舞伎翩翩。有些写实画面也以建筑为中心，画的是贵族习射的画面。

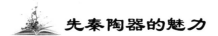

先秦陶器的魅力

春秋时期的陶器制作方法均为轮制，大型厚胎陶器多以泥条盘筑法制成。陶质仍以夹砂灰陶和泥质灰陶为主，夹砂红陶和棕色陶器较少，另有少量灰皮陶和黑皮陶。基本特征仍以平底器和袋足形器为主，也有一些圈足器和喇叭形座。炊器有鬲、釜、甑、盂等。其中，鬲是数量最多的，早期袋状足明显较肥大，晚期底部近似圜底，仅在底部有三个略为鼓起的象征性袋状足，后来发展为圜底陶釜。

春秋时期的陶器表面纹饰更加简单，主要是印绳纹和瓦旋纹。陶鬲、陶釜、陶罐、陶盆、陶甑和陶瓮的腹部多饰绳纹。陶鬲、陶釜的肩部多饰瓦旋纹。陶豆和陶盂多为素面或磨光。另外还有少量压银印暗纹，附加堆纹、席纹、方格纹等。

在各地许多遗址中都发现有春秋时期的建筑用陶，相对西周时期，制作水平有了很大的发展和提高。这个时期常见的建筑用陶仍以板瓦和筒瓦为主，还有瓦当和陶制水管，并且发现了长方形或方形薄砖。春秋时期在筒瓦的制造和使用上有了一些改革，反映了当时在烧制陶制建筑材料方面的新发展。

战国时期，秦、齐、楚、燕、韩、赵、魏七国和少数民族地区的陶器还是以灰陶为主并广泛得到应用，就是在当时已盛行印纹硬陶和原始瓷的百越地区也同时使用大量的灰陶和夹砂陶器。日用陶器主要是泥质灰陶，只有一些陶釜之类的炊器用夹砂陶土制作。当时陶器的制作虽以轮制为主，也采用模制和手制工艺。陶罐、陶瓮等大件器型均采用泥条盘筑或圈筑做成器身，再粘接底部而成。战国时期出现大型器物表明制陶技术又有了很大的进步，为秦代高大的陶俑和陶马等高质量的陶器烧造奠定了基础。

战国时期的灰陶含有一定的砂粒，烧成温度高，陶质较坚硬，大多呈浅灰色和黑灰色。夹砂陶掺加粗砂，质地粗糙，陶质较疏松。当时日用陶器的形制和春秋晚期的陶器形制基本相近，只是到了战国中期陶器的形制才有明显的变化。常见的炊器有釜和甑，盛器有罐、壶、盆、钵和瓮，饮食用器有碗、豆和杯等。陶釜形为半球形圜底，底部饰有绳纹或麻布纹，以利于受热。其口沿外折或卷沿，是为了便于平稳地搁在灶眼上。由此推想，战国时期土灶已经是普遍应用了。其中秦国所用的釜、甑、盆等炊器的设计十分实用。如陶釜的腹上有短颈，以加强口部的承受力；陶甑形如折腹盆，下腹略收，在大小不同的釜口上均可使用，甑口唇面平宽，使覆盖在口上的折腹盆放置平稳牢固且不易滑脱。日常使用时，盆作为甑的盖，甑置于釜上，构成一套大小相配、盖合紧密的完整炊器。而盛装菜肴的陶豆，形制上豆盘可深可浅，下装高高的喇叭形把，适合于当时席地而坐的饮食习惯。陶碗则大小适中，敞口平底，腹微鼓，形制与现代的碗基本相似。盛物用的瓮与罐都作小口鼓腹，不仅线条美观而且容量大较实用，口部又便于加盖或封闭收藏。实为一些既实用又经济的生活日用陶器。在少数民族地区也发现了大量具有民族传统的日用陶器。其中位于四川巴蜀地区常见的有陶杯、陶瓿、陶壶、陶罐等类型。陶杯多数为喇叭口，有的亚腰凹底，有的束颈、球腹、喇叭形圈足，也有为圆筒腹、平底，腹部环装三个不同等高的器耳，形式多样，大小各异。陶瓿和陶罐形似中原商周时期的铜瓿和铜觯，式样精美别致。陶壶为喇叭口椭圆腹平底，肩部装一个斜直的管状流，既实用又美观。这些少数民族的器物造型优美，装饰盛行指甲纹和弦纹，极具民族色彩。

战国时期由于丧葬制度发生了变化，一些地区的贵族之墓自早中期起逐渐用陶礼器代替了铜礼器随葬，而且在小型墓葬中也出现了这类现象。为此陶礼器的制造得到迅速发展，仿照青铜器型式的陶鼎、陶豆、陶壶、陶簋、陶甗等成套成组地生产，而且磨光、暗花、朱绘、线刻等装饰手法广为应用，把陶器的制作工艺水平推进到了一个新的阶段。由于战国时期各国经济发展的不平衡和文化传统的各异，各国生产陶器的组合、形制、工艺等方面也存在着很大差别。在战国早、中期一些地区的墓葬中常见陶鼎、陶豆、陶壶等基本组合。而在楚国则盛行陶鼎、陶簋和陶壶或陶鼎、陶敦和陶壶结合，很少见陶鼎、陶豆和陶壶为一组的。在秦国，一般用更多的实用陶器及仿铜礼器来作随葬品。其器物的形状各国的也不尽相同，如陶壶，秦国的壶多为平底，带圈足的较少；韩国的壶颈很长，底和圈足都很小，各部分的比例不太协调；楚国的壶器型修长，底部圈足或假圈足较高；燕国的壶圜底矮圈足，器盖上的纽高高竖起；赵国的壶盖沿常见外翻的莲花瓣；齐国的壶敛口、鼓腹或椭圆腰，器型大方，肩部装有可活动的环圈耳。其他的陶明器如陶豆、陶坛、陶罐、陶碗、陶钵和陶鼎等在形制上也都各有不同，具有较显著的地方特色。陶明器与日常使用的陶器有着很大的差别。陶明器的胎质粗细不匀，一般陶土不经淘洗，烧制火候较低，胎质疏松。但一些贵族的墓葬陶明器质地相对较好，陶土经过淘洗，器型比较规整，而且经轮制、磨光或上陶衣、彩绘、线刻或压划暗花等复杂的制陶工艺而成。

战国时期的印纹硬陶坚固耐用，但是由于质地粗糙，不宜作为炊食器皿，多为容器盛物。制作印纹硬陶的坯泥大多含有少量杂质和砂粒，烧成的温度较高，胎体已经烧结，故敲击时常发出悦耳的铿锵声，有的器表还呈现一层薄薄的透明体。由于其胎土中含铁量较高，烧成后常呈紫褐色或砖红色。印纹陶的成形基本与前期一样，仍采用泥条盘筑或圈筑法。而陶器的种类却不多，有陶瓮、陶坛、陶瓿、陶罐、陶钵和陶盂一类的贮盛器，其中以陶罐的式样最多。陶罐有大有小，大的多数为直口圆腹平底，也有口沿外翻的器型。小的多数为直口圆腹平底，这种罐和钵、盂等小件器型规整，胎壁较薄，印有细麻布纹，整洁美观，有的在肩部还附贴有旋涡纹或 S 形堆纹，成形和装饰工艺比春秋时期有了很大的提高。由于战国时期印纹硬陶分布地区较广，为此在产品的种类和造型方面也有各自特色。在江浙一带以陶罐、陶坛为最多，还出现陶钵和陶盂等；而在两广一带则有陶瓮、陶瓿、陶罐、陶坛、陶缸和陶壶等，其中广东的小口四耳平底大匏壶、双錾三足坛和三足盖盆等陶器具有明显的地方特色。

战国时期，印纹硬陶的纹饰在吴越一带常见的有米字纹、方格纹、麻布纹、回纹、米筛纹等，而西周春秋时期常用的曲尺纹、云雷纹已是少见了。此外，还常见在陶器的肩部加饰弦纹和水波纹，在两广地区还发现饰有栉齿纹、圆珠纹和篦纹，而篦纹常为点线状装饰。

扩展阅读　石鼓文对书坛的影响

石鼓文世称石刻之祖，记载了秦国国君游猎的十首四言诗，也称猎碣。石鼓文的字体，上承西周金文，下启秦代小篆。从书法上看，石鼓文上承《秦公簋》（春秋中期的青铜器，铭文盖十行，器五行，计121字。其书为石鼓、秦篆的先声，字形方正、大方。横竖折笔之处，圆中寓方，转折处竖画内收而下行时逐步向下舒展。其势风骨嶙峋又风致楚楚，确有秦朝那股强悍的霸主气势）法则，但更趋于方正丰厚，用笔起止均为藏锋，圆融浑劲，结体促长伸短、匀称适中、古茂雄秀。而且，其用笔首尾圆合、粗细一致，中锋用笔，力含其中。字比小篆略短些，近乎方形。字距行距既有规矩又有变化，笔画错落有致，不像小篆那样规整、对称，而是以多姿态的形式保持了一定的均衡，并有金文的传统，秀气而不呆板纤弱。石鼓文的字里行间已找不到图画的痕迹，完全是线条组成的抽象符号，其艺术魅力完全体现在按照一定的笔法写出来的古朴、自然、雄厚、流畅的美中，显出一种成熟艺术的别具匠心。所以，石鼓文集大篆之成，开小篆之先河，是由大篆向小篆演变而又尚未定型的过渡性字体，在书法史上起着承前启后的作用。它被历代书家视为习篆书的重要范本，故又被誉为"书家第一法则"。

石鼓文对书坛的影响以清代最盛，如著名篆书家杨沂孙、吴昌硕就是主要得力于石鼓文而形成自家风格的。流传于世的最著名的石鼓文拓本有明代安国藏，现藏于日本的先锋、中权、后劲等北宋拓本等。

第八章

铁戈兵马
——春秋战国的军事文化

春秋以后，新的军事思想开始形成。进入战国时期，周礼几近废弛，对军事文化的束缚基本消失，军事思想发展到一个新的阶段。再加上新的冶铁技术也开始应用于军事，推动了兵器装备的发展进步，作战样式推陈出新，步战、骑战、水战全面发展，车战日趋没落。

探寻古文明的遗迹：车马

车是先秦时期主要的交通工具，而马又是主要的驾车工具，故在先秦文献中，车马常常连称。

春秋战国时期兵车普遍使用四马驾车，称为"驷"，如"清人在彭，驷介旁旁"。还有使用三马驾车的，称为"骖"，如"载骖载驷，君子所届"。两马驾车也曾出现过，此外，还出现过以六马、十六马驾车的特例。《晏子春秋·内篇谏上》载："翟王子羡臣于景公以重驾。"重驾即是十六马驾车。

衡是与辀的前端相连的横木，用来缚轭驾马。衡与辀相连，靠销子来固定，称为"輗"或"軏"，《论语·为政》曰："大车无輗，小车无軏，其何以行之哉？"在衡的左右各缚一个"人"字形的叉木，称为"轭"，用来架在服马颈上，骖马的轭不缚在衡上，而是直接架在马颈上，轭岔开的两支曲木称为"軥"。《左传·襄公十四年》载："子鱼曰：'射，为背师；不射，为戮。射为礼乎？'射两軥而还。"在轭首上还装有銮，为扁球状铜铃，铃上有孔，内含弹丸，马行走时可以发出锵锵之声，一般车子只在轭首装銮，共计四銮，高级的车子则在衡上又加四銮，共计八銮。

舆就是车厢，为长方形，舆的左右两边立有木板或栏杆，人可以凭倚，称为"輢"；前边的横木可以作扶手，称为"轼"，也作"式"。《礼记·檀弓下》记载："孔子过泰山侧，有妇人哭于墓者而哀，夫子式而听之。"舆后的横板或栏杆称为"轸"，轸处留有缺口，即登车处；车身上拴有一根绳子，叫"绥"，上车时可用手拽；舆上可以立盖，用来遮挡雨雪和遮太阳光。舆中可以铺席，车席称为"茵"，豪华的车则可以用兽皮铺垫。

轴是用来安车轮的圆木杠。轴与舆的交接部位有称为"𫐄"的方形垫木，用革带缚结，把舆和轴固定在一起，轴的末端称为"軎"，外露。軎上有孔，可以插"辖"来固定车轮，辖俗称销钉，铜制，呈扁长方形，其上端往往铸成人像或兽首，约15厘米长。

轮多用坚木制成，轮径多在1.4米左右，由毂、辋、辐等部件组成。"毂"是车轮中心有孔的圆木，中心的孔用以贯穿车轴。"辋"，又称为辌、牙，是车轮的外圆框，是用两条直木经火烤弯成弧形拼接而成，为求其坚固，还在上边装上铜锞。辋和毂上有榫眼，称为凿，是用来安装辐条的。"辐"是连接辋与毂的一根根木条，近辋一端较细，称为"骹"；近毂一端较粗，称为"股"。辐条一般为三十根。车轮是车的关键部件，因此对其质量的要求也颇高，相传古人制毂用杂榆木，制辋用枋，制辐用檀木。

车在春秋战国时的用途极为广泛，按其功能来分，可分为平时用车和战时用车两类，平时用车有栈车、辎车、安车、温车、传车、辇；战时用车有轻车、戎路、巢车、楼车等。

栈车又叫辇车，是用木条编舆的轻便车。《诗经·小雅·何草不黄》："有栈之车，行彼周道。"《左传·成公二年》载："丑父寝于辇中，蛇出其下，以肱击之，伤而匿之。"因辇车有缝隙，故蛇可"出其下"以伤人。

辎车是有帷幔之车，既可载人，又可载物，载人可以避风雨，载物可防止物受损。

安车是一匹马拉的小车，乘坐起来比较安稳舒适，故而得名。《礼记·曲礼》云："大夫七十而致事……适四方，乘安车。"

温车又叫辒辌车，是一种卧车，有帷幔、窗子，车内温度可由窗的开闭来进行调节。

传车先秦时常称为驲，是一种驿站之间传递消息、法令的快车。

辇是一种靠人力而前进的车。挽车的人夫称为辇夫，后来，辇车成为皇帝、皇后的专用车。

轻车又称驰车，是一般的战车，是冲锋陷阵的主力。

戎路，于车尾立有以旄牛尾为饰的旌旗为标志，是主帅所乘的指挥车。

巢车一种用来观察敌情的战车。车上安瞭望台，如树上的鸟巢，故得名，可以远望。

楼车又称"冲车"，是一种用来攻城的战车，体形较大，上设云梯，亦可登上以远望。

春秋战国时，人们特别讲究马身上的饰物和马具，主要是由铜饰、玉石、皮革组成，虽没有皮革马具出土，但从出土的铜饰和先秦文献的记载，仍可以恢复其原貌。

鞲是系于马腹部的一条革带，上常贯有鳞形铜饰。"靷"是引车的长革带，即现在的"长套"。"鞅"是套在马颈上的皮带。"鞦"是套在马臀部的皮带。"靳"是服马当胸的皮带。"勒"也称为络头，俗称马笼头，由颈带、额带、鼻带、咽带、颊带和衔、镳组成。"衔"，俗称马嚼子，为铜制。"镳"，与衔配合使用，呈牛角形，为铜制，贯于衔两端的环中，以防其脱落。"辔"马的缰绳，一头系于衔环上，一头握在御者手中，以控制马的行进。"内辔"，为骖马所用，一端系于骖马内侧的衔环上，一端系于车轼上。"繁缨"是一种缀于马鞅上的垂状饰物。

 ## 春秋战国时期的战车与兵甲

春秋战国时期，战争的规模越来越大，所用战车的数量也越来越多，乃至战车成为衡量一个国家实力的标准，于是有千乘之国、万乘之君之说。春秋末期北方齐、秦大国拥有兵车二三千乘，南方楚国则达五六千乘。战国时三晋、齐、燕各有带甲步兵数十万，秦、楚号称"带甲百万"。春秋僖公二十八年（前632），晋楚城濮之战，晋国出动了战车七百乘，是武王伐纣时战车数量的两倍。四十年后，晋国出动战车八百乘。到了公元前529年，晋国为了炫耀武力，在邾国举行了一次大阅兵，列陈战车四千乘，数量是武王伐纣时的十倍以上。当时的战车非常华美。

中国第一部诗集《诗经》中涉及赞美战车的诗歌多篇，其中《诗经·秦风·小戎》是一首赞扬秦襄公时军容的诗歌，形象地描述了当时使用的战车和有关的武器装备，同时也反映了当时军队的主力是战车的历史事实，由此也可知车型的增多。

春秋战国时期的驷马车，以河南三门峡虢国墓地出土的最早。郑国车马葬制的一般规律，是将车轮摘掉后侧靠在坑的四壁，马匹杀死后平铺在坑底，车体则放在马匹身上，车马安放在主墓内。已发现的 37 个车轮侧靠在四边壁上，轮径多为 1.4 米左右，有约 30 根辐条。有两个车轮直径很大，约 1.7 米，可能是大型车辆的用轮。车轮两面都髹有棕色漆，有轮撑。大车两辆，车厢有 3 平方米，可以并卧 2 人。中车可以并排坐 3 人，而且装饰异常豪华，车舆结构复杂，可能是仪仗车。小型车只能容 1—2 人。18 号车的车厢粗壮结实并有护板，轼前拐角上有铜兽装饰，可能为兵车。除了这辆车以外，其他车辆均髹漆装饰，其中西半部的车舆四侧多髹红漆，衡、辕髹棕色漆；东半部车辆多髹棕色漆，许多中型车的角柱上还发现精美的云雷纹图案。车体上装饰有多种青铜和骨雕饰件。

山东省淄博市后李官庄发现了春秋中期车马坑。1 号坑 10 辆车，6 辆车4 匹马，4 辆车为 2 匹马，有战车和辎重车，战车轻小，辎重车车厢大，是战车的 2—2.5 倍，车轮也大。2 号坑殉马 6 匹，中部一组有马缰和马面罩。山东淄博淄河店 2 号战国大墓殉马坑有 69 匹马。墓内殉车，有作战的轻车、墓主乘坐的安车和辎重车。战国中晚期，河南淮阳马鞍冢楚墓的两座车马坑出土了马车 31 乘，其中三分之二是战车，以 2 号坑 4 号战车最为典型。它是一乘驷马车，车舆作横长方形，广 142 厘米，深 94 厘米，高 345 厘米。车舆的前后左右都用青铜片包镶钉牢，并髹漆彩画。四门开在舆后，舆后部的两角装有铜柱头，两侧有供插旗幡的铜质插旗筒，右侧还有一个供插兵器用的椭圆形筒状器。这辆车的车毂很长，毂端各用四道铜箍加固。以此车与西周前期的战车相比，无论其造型、制作，还是性能，都进步了许多。

春秋以后，为了适应战争的需要，驷马战车的形制出现了分化，产生了在战争中担负不同任务、形制各异的战车。这些不同类型的马车被置入大型墓葬、墓室及车马坑之中。如灵活轻便、适合长距离奔袭攻击的"轻车"，马披重甲、衡端装矛刺、车轴装曲刃有状车書的"销车"，用于攻坚突壁的"冲车"，用于侦察、窥探敌人虚实的"巢车"，以及用于营屯防守的"苹车"，用于装载辎重、运输粮草的"大车""广车"，甚至还有专供统帅乘坐，用以指挥作战的"戎路"车。

长勺（今山东莱芜东北）之战中，曹刿就是站在"戎路"车上待齐军三次击鼓之后，才建议鲁庄公击鼓反击并大获全胜，他讲出了"一鼓作气，再而衰，三而竭"的道理。从考古材料看，战国时期上层统治阶级在马车上追求一种复古的倾向。

青铜器冶铸技术经西周到春秋，已经发展到最高水平。春秋时期的青铜铸造匠师们已经能够用不同的铜、锡、铅配方，铸造出各种不同用途、不同硬度的青铜器了。所以这一时期铸造出的青铜兵器非常精良。以青铜镞为例，《左传》记载鲁齐炊鼻之战，齐国主将子渊拈弓搭箭，射向对面战车上的鲁国大夫泄声子，这支箭从战车驾马的轭靷木上穿过，又深深插入泄声子的盾脊，达三寸之深。泄声子也回敬了子渊一箭，射断了子渊的马鞍，并射死了驾车的马。可见齐鲁两国制作的箭镞都很锋利、不易折断。

直到春秋时期，车战用的成组武器仍是远射、格斗和卫体三类，但是出现了新的器型，制造技术也更趋精良。东周很多墓中出土有铜戟，与戟同时伴出的兵器常有戈、矛和殳，正好与《考工记》中所记车战兵器有戈、殳、车戟、酋矛相吻合。春秋以后，矛的牢固性加强，杀伤能力大大提高。

1983年湖北省江陵县出土的吴王夫差铜矛长近30厘米，工艺精美。东周时期的戟刺分铸联装铜戟开始出现，从而使青铜戟的发展进入了新阶段，成为车战中的重要格斗兵器，甚至出现了三戈的戟。战国戟的戈胡、内尾增铸爪状利刺，杀伤力更强。殳是春秋时期新诞生的兵器，主要用来挥舞击打敌人。春秋时期短体剑依然存在。自春秋中期以后，中原地区的柳叶形剑剑身逐渐加长，遂演化成步战、骑战用的格斗兵器。车战对武器长度也提出了要求。《考工记》谓"车有六等之数"，把兵器柄的长度与战车车箱底部后面的横木车轸的长度及人体的高度加以排比，对各类兵器的柄长做了规定。若以人身高 1.7 米为基准计算，戈长是人体的五分之四，约 1.4 米，殳长为人高的 1.5 倍，即 2.6 米左右，车戟为人高的 2 倍，即 3.4 米，酋矛是人高的 2.5 倍，即 4.2 米左右。这些兵器的尺寸与考古发掘资料大致相近。

春秋时的铜胄，也是顶有立纽，东北内蒙古一带曾有出土。春秋到战国前期，甲多为皮制，外面钉缀青铜甲片或甲泡。当时的皮制甲胄主要用牛皮、野牛皮、犀牛皮制成，工艺相当复杂，制成的皮甲种类很多。湖北随州曾侯乙墓出土的竹简记载曾侯乙墓随葬的皮甲就有楚甲、吴甲等。在考古资料中出土皮甲甚多，保存较好的是曾侯乙墓和荆门包山二号墓。包山二号墓出土甲胄 2 领，曾侯乙墓出土甲胄 13 领，同时还出土了盾牌。在河北易县燕下都发现战国燕的铁甲胄，用铁甲片编缀而成，预示着新时代的到来。

知识链接

战车上的乘员

乘员数

现从大量资料中得知，战车上有三个乘员：车左、车右和御者。车左和车右的主要任务是与敌方格斗，而御者的任务是控制车辆的运动。

乘员武器和甲胄

车上乘员的武器一般比较精良，车左及车右各有三套兵器：他们在接近敌人前，采用远射兵器（弓箭）射击对方；在接近敌人时，使用长兵器（戈、矛、戟等）与敌格斗；一旦车毁，就使用护身兵器（剑、刀、匕首等）进行自卫。乘员力求使格斗兵器的控制范围大些。

为了减少伤亡，乘员和战马都有很好的防护装备，常用青铜、皮革做成甲胄。考古发现中常可在车旁发现兵器、编制铠甲的甲片和盾。

交战礼仪渐趋成熟

春秋中期以前，列国间的战争有着普遍遵守的交战规则，也有一套比较完整的交战礼仪。其原因有三。一是周人重礼，西周时形成的礼乐文明在军事方面仍有较大的影响，战争观念仍然在相当程度上崇尚"仁战""义战"，军事行动主要是为征讨"不义"，战场交锋要正大不诈，战后要宽容待敌，至少在形式上要做到。二是各诸侯国间一般都有千丝万缕的宗亲或姻亲关系，从而使战争指导观蒙上了一层温情脉脉的色彩。任何不遵守战争规则的做法，都被认为是违背军礼的行为，而为人所不齿。三是当时的战争既然崇尚"义战"，就多以慑服敌人或打服敌人为宗旨，并不以消灭对方武装力量和摧毁对方政权为目的。

由于车战在当时处于主导地位，战争规则和礼仪在春秋中期以前的车战中体现得最为明显。约战、挑战和应战是当时重要的车战规则。

由于车战受到空间条件的限制，只有开阔平坦的平原地带才适宜作为战场，必须预先约战，约战成为春秋时期一条普遍的车战规则。《左传》记载的宋楚泓之战和秦晋河曲之战都是著名的约战，"凡战必约"至少在中原地区是各国车战的惯例。唯有像秦晋那样沾染戎狄之风的军队会偶有不约而战的行为。挑战应战一般是约战之后和正式会战之前的序曲。邲之战时，晋军示和后又约战，楚军也有再战的想法。就在不战不和之中，"楚许伯御乐伯，摄叔为右，以致晋师"，郑玄注"致师，致其必战之志"，明确指出"致师"就是挑战。挑战是在《周礼》的基础上形成的一种战争习惯，是在传统风俗习惯的基础上形成的制度性规则，成为当时的一条战争公约。因此，挑战具有相当的严肃性，是一件要予以认真对待的外交事件。《左传》载晋楚城濮之战："子玉使斗勃请战，曰：'请与君之士戏，君冯轼而观之，得臣与寓目焉。'晋侯使栾枝对曰：'寡君闻命矣。楚君之惠未之敢忘，是以在此。为大夫退，其敢当君乎？既不获命矣，敢烦大夫谓二三子，戒尔车乘，敬尔君事，诘朝将见。'"晋军得体地接受了挑战。

当时的战争双方总是尽可能地在交战中体现君子之风。宋襄公式的"仁义"自不必说，城濮之战时晋军也为报楚王之恩而退避三舍。邲之战时，单车挑战的楚军受到晋军战车的左右夹击，虽然车左左右开弓，但仍无法摆脱追兵。这时乐伯便用剩下的唯一一支箭精确地射中了一只麋鹿凸起的脊背，并将它作为礼物献给了追来的晋军，摄叔在献麋鹿时还说了几句很得体而又有文采的礼辞——"以岁之非时，献禽之未至，敢膳诸从者"，晋军将领赞叹"其左善射，其右有辞，君子也"，便放了他们一条生路。同样，晋军魏锜前往楚营挑战遭楚军追击，也是因为射了一只麋鹿献给楚军，并说了一番"子有军事，兽人无乃不给于鲜，敢献于从者"之类的礼辞，而使楚军放弃了追击。为了体现君子之风，在战争中的唇枪舌剑也演变成了君子式的互致"问候"，也就是使用委婉含蓄的文明语言进行"讲礼"。齐晋鞍之战前，齐国向晋国挑战，"子以君师，辱于敝邑，不腆敝赋，诘朝请见"，这段话使用的是更加谦虚委婉的口吻，却仍然道出挑起战争的责任在于晋国，并且在请和的同时，表达出了齐国抵抗的意志。言外之意是如果晋军不同意言和的话，那么齐国军队亦将决一死战。一方面表示齐军确实失败了，承认继续战斗无异于以卵击石、投羊饲虎，另一方面也表达了齐军必死的"牺牲"精神。"讲礼"不仅表现在言辞上，更体现在行动中。齐晋鞍之战时，齐国国君顷公驾车逃跑，被晋军韩厥的战车紧追不舍，齐顷公的御者邴夏提议要用箭射韩厥，齐顷公说"谓之君子而射之，非礼也"。最终追上，韩厥跳下车来，言辞恭顺，"再拜稽首，奉觞加璧以进"，完全是按君臣之礼来对待。晋楚鄢陵之战时，又是韩厥紧追郑成公，郑成公的御手一边驾车奔逃一边频频回头看后面韩厥的战车有没有赶上来，韩厥的御手便问韩厥："速从之？其御屡顾，不在马，可及也！"韩厥却说"不可以再辱国君"，遂勒马停止追击。基于同样的理由，此后追赶郑成公的晋国将领也放弃了追击，反映了当时军队对车战礼法的严格遵守。

到了春秋晚期，鸣鼓而战、堂堂之阵的战法被全面否定，诡诈之法在战争中得到普遍运用。"冰冻三尺非一日之寒"，使诡用诈的现象在春秋初期和中期的战争中已初露端倪，如郑卫制北之战、周郑繻葛之战、晋假道伐虢吞虞之战、晋楚鄢陵之战中交战双方的部分做法。春秋晚期，欺诈误敌、示形动敌、避实击虚的诡诈作战便进入了全面成熟的阶段。此时，再也听不到宋襄公那样的宏论，再也看不到鄢陵之战中郤至遇敌军必下，"免胄而趋风"之类的现象。到了战国时期，更是"争地以战，杀人盈野；争城以战，杀人盈城"，在车战式微的同时，战争中的礼法也几近彻底消失了。

春秋战国的辎重部队

春秋战国时期，已经有了一套比较成熟的装备和后勤保障制度，建立了较为完善的装备和后勤保障体系。尤其在春秋时期，车战战车是最主要的作战装备，自然也是装备保障的重点，但当时在战场上并无专业的战车装备保障人员或部队，战车、武士及步徒作战用装备的补充依制进行，而战场上的维修等保障主要靠使用者自己。

春秋战国时期，军中专门设有负责供应军需物资的部队，叫辎重部队。辎重部队以大车运送给养，保障战车兵和其他部队。大车所运载的粮秣、物资、衣装，重可达三十石（合900千克），所以又称重车。一乘战车要配一辆重车，《司马法》说："轻车七十五人，重车二十五人。"重车就是辎重车，有二十五名成员，即炊家子十人，固守衣装五人，厩养五人，樵汲五人，是军中的役徒。在春秋以前，多由野人充任，战国时国、野界限消失，统由征发的农民担任。因此，一乘战车就是百人。如果出动革车千乘，就是十万之师，其中有辎重部队两万五千人。

春秋战国时期，战车和其他作战装备、物资的来源，先后依托的是军赋制度、贡纳租税和租税制度。早期以实物为主，并逐渐过渡到实物和货币混合征纳，其变化的原因主要有二：一是社会经济的变革，二是战争需求的扩大。大约在春秋初期和中期之交，军赋制度走向成熟，军队既包括车马、甲兵，又包括役徒。春秋中期以前，赋除具有临时性质以外，和贡纳常常混淆；春秋中期以后，各国普遍按固定的单位和比例征赋，赋和贡纳有了严格的区分。

春秋前期，军队规模较小，相应的战争规模也较小，战争耗费不大，因此军赋的数额也不是很大，大约为人户年收入的二十分之一，即所谓的"邦中之赋，二十而税一，各有差也"，征赋的对象主要是有当兵资格的国人，以民居为单位，与土地紧密相联。《司马法》记载："六尺为步，步百为亩，亩百为夫，夫三为屋，屋三为井，井十为通。通为匹马，三十家，士一人，徒二人。通十为成，成百井，三百家，革车一乘，士十人，徒二十人。十成为终，终千井，三千家，革车十乘，士百人，徒二百人。十终为同，同方百里，万井，三万家，革车百乘，士千人，徒二千人。"这种军赋征收制度，是与当时实行的国人兵役制一致的。

春秋中晚期，适应争霸战争日益频繁、激烈的需要，国、野制度瓦解，国人当兵、野人不当兵的传统受到严重冲击，征兵的范围扩大到野人，军赋制度相应地进行了改革，野人也要承担交纳军赋的义务，从而大大拓展了军赋征收范围。这一时期，军赋征收仍然以民居为单位，但车马甲兵已逐渐与兵役区分开来。据《左传》记载："楚蒍掩为司马，子木使庀赋，数甲兵。甲午，蒍掩书土田，度山林，鸠薮泽，辨京陵，表淳卤，数疆潦，规偃猪，町原防，牧隰皋，井衍沃，量入修赋。赋车籍马，赋车兵、徒兵、甲楯之数。既成，以授子木，礼也。"征赋的标准，也较前一时期有了较大的提高："'九夫为井，四井为邑，四邑为丘。'丘十六井，出戎马一匹，牛三头。四丘为甸，甸六十四井，出长毂一乘，戎马四匹，牛十二头，甲士三人，步卒七十二人。"

春秋末年，由于井田制的破坏，附在井田上的民居单位发生了巨大变化，人口迁徙成为风气，以民居为单位征收军赋的办法在许多地方失去了征赋的对象。与这一变化相适应，各国军赋制度逐渐从以民居单位为征收对象转为以居民实际占有土地数量为对象的计亩征赋。这样，拥有大量土地的人，必须承担较大数额的军赋，而地少或无地的人则基本不用交纳。

春秋时期，已开始出现租税制度，到战国初，赋税趋于合流，租税逐渐成为保证各国财政收入的基本制度，成为各国军费的基本来源。这时，由于车战已经衰落，加上租税货币比例的增加，租税制度与战车装备保障的联系已不十分紧密。

早在西周时期，国家就设有专门的机构统一管理战车等兵器装备。春秋延续周制，兵器在王、侯、卿大夫都城、都邑的手工业作坊中生产，铸有主管者的族、地铭记。国家建有兵库，平时收藏保管，战时受命颁发。《周礼》记载："若有兵甲之事，则授之车甲，合其卒伍，置其有司，以军法治之。"童书业在《春秋左传研究》中认为："古车马兵甲等武装皆藏之贵族府库及厩，战时则出之以授士民之应军役者。"不但国家设有兵库，卿大夫家中一般也贮藏有车马甲兵，战时授予私属使用。五子之乱时，"子西闻盗，不儆而出，尸而追盗，盗入于北宫，乃归授甲。臣妾多逃，器用多丧。子产闻盗，为门者，庀群司，闭府库，慎闭藏，完守备，成列而后出，兵车十七乘，尸而攻盗于北宫"。一旦战事结束，车、马、兵、甲等兵器装备要缴归兵库，由国家和卿大夫收藏保管。各诸侯国大都建有制造、修缮和保管兵器装备的专门机构，设有专职人员主管，兵车一般由车仆掌管，马由圉师掌管，戈盾由司戈盾掌管，五兵、五盾由司兵掌管，弓弩矢由司矢掌管。各国兵器装备制造、修缮、保管的费用，从军赋或租税中支出。

战国时期，战争规模越来越大，战争进程旷日持久，参战人员日益增多，兵器装备保障也越来越重要。此时尽管车战已经衰落，但战车的制造和管理仍是兵器装备制造管理的重要内容。战国时期的兵器装备制造和管理体制基本上沿袭了春秋时期的集中管理体制，而且比春秋时期还要严格。战国时期，贵族自造兵器装备的特权已经被取消，所有兵器装备都由国家统一生产管理。通常实行监督、管理、生产三级生产管理体制，国家主管部门负责监造、验收，地方政府郡县等主持制造，基层生产基地进行生产。管理兵器装备的机构是兵库，中央和地方的郡县都有兵库。秦国的兵库通常只是存储、管理兵器装备，其他各国的兵库还兼有制作兵器装备的责任。各地生产的兵器装备，无论是来自中央还是地方，都必须上交监造机构检查验收，然后入库收藏，不能直接使用。主管兵器装备的丞和库啬夫，负责兵器装备的保养和管理。如果兵器装备保养不善，丞和库啬夫就要受到处罚。

春秋战国的战车列阵

　　春秋时期，乘仍是车兵的最小编制单位。春秋前期沿袭西周编制，"革车一乘，士十人，徒二十人"，即一车三十人，其中士十人，车上三人，车下七人，徒二十人，包括随车徒兵十五人和杂役五人。此外，根据《左传》记载，"齐侯使公子无亏帅车三百乘、甲士三千人以戍曹。"由此推断，春秋前期也存在一乘十人制。随着战争规模的扩大，车兵数量，尤其是随车徒兵的数量不断增多，到春秋后期，出现了每辆战车七十五人的新编制。杜预注《左传》中记载："长毂一乘……甲士三人，步卒七十二人。"《左传》中常有"步卒七十二人"的记载，可见当时的七十五人制已相当流行。

　　关于乘以上的编制单位，史书记载不详，仅《左传》和《司马法》有一些零星的记载。根据《司马法》的记载，乘以上最小编制单位为偏，每一偏的车数，有大偏、小偏及二十五乘偏三种说法。小偏九乘，大偏十五乘。再往上，广为三十乘，两为五十乘或二十五乘。比两更大的编制单位还有参、专和伍，其中参有二十七乘，专八十一乘，伍一百二十五乘。如《左传》记载，郑国布"鱼丽之阵，先偏后伍，伍承弥缝"。宣公十二年，"其君之戎，分为二广，广有一卒，卒偏之两"。《司马法》："百人为卒，二十五人为两，车十五乘为大偏。"成公七年，晋遣巫臣"以两之一卒适吴，舍偏两之一焉"。《司马法》："车九乘为小偏，十五乘为大偏。"关于车战时的基本编队，清人孙诒让在《周礼正义》中有过具体的描述，即存在两种编制系列：一种是以二十五乘的正偏为基础的编制，二十五乘为偏，二偏五十乘为两，五偏一百二十五乘为伍，构成乘、偏、两、伍的四级编制；另一种是以九乘的小偏为基础的编制，九乘为一小偏，三小偏二十七乘为参，三参八十一乘为专，构成乘、小偏、参、专的四级编制。此外，南方的楚国与中原诸国的车兵编制有所不同，编为乘、偏、广三级，广为最高编制单位。负责楚王警卫的车兵有左、右二广，每广辖二偏，每偏有战车十五乘。关于战国时期战车的编制情况，在具体作战时，往往根据平地和险地的不同情况进行灵活的编组配置，"易战之法，五车为列，相去四十步，左右十步，队间六十步。险战之法，车必循道，十车为聚，二十车为屯，前后相去二十步，左右六步，队间三十六步，五车一长。纵横相去二里，各返故道"，即平地一般"五车为列"，间距要求要大些，险地则"十车为聚，二十车为屯"，队间间距要求尽量缩小。

春秋早期以前，各诸侯国还都比较弱小，战争往往发生在预先确定的两国接壤的封疆地带。车战要列出堂堂正正的战阵，称"成列"或"陈（阵）"，《公羊传》称之为"偏战"。布阵时先派游动战车在两翼警戒防止敌军袭扰，然后用马拉的重车在阵前排列为屏障，接着其他轻型战车从军门处鱼贯而出，按照一定阵法组阵。当时，通行的军事教条主义将进攻与防御分开来看待，认为进攻是作战的主要手段，只有抢先进攻才能夺得战争的主动权，战幕一旦拉开，交战双方都倾全力作战，不留任何后备力量，即"结日定地，各居一面，鸣鼓而战，不相诈"。由于车阵前进缓慢以及适应复杂地形的能力较差，进攻必须在多次调整队形后方能实施，因此就不可能具有任何突然性。作战开始后，进攻部队以正面宽大的严整队形缓慢推进，接敌前双方用弓矢对射，接敌后以长兵器击刺。战车冲击首先打乱敌军阵势然后再围歼散兵。所以在车战中只要一方阵形动摇，那么另一方离胜利就不远了。这种战争既没延长绵亘的作战线，在时间上也形不成持久的对抗。史书记载的桓公十年郎之役、十二年宋之役，僖公元年犁之役、十五年秦晋韩之役、二十二年宋楚泓之役，文公七年秦晋令狐之役、十二年河曲之役，昭公二十三年鸡父之役均为此类阵战方式。公元前575年鄢陵之战中，虽然战争场面空前浩大，也只是从凌晨战至黄昏，楚师就开始溃败了。战争结束后胜方一般不进行长距离的追击，也是为了保持阵形的需要。

偏战是车战时代野战的最主要战法，后期车战则有更多的诈战战法得到运用。春秋中期以后，各国推行的新法导致旧的生产和社会秩序崩溃，新的生产和社会秩序开始普遍确立，从而使战争的样式和指导方针发生了根本的变化。车战有了较大的发展，阵型较以前更灵活多变，战斗中徒卒也发挥着更大的作用。徒卒不再单一部署在战车的前方，而是分散部署在战车的四周，加强了向各个方面的机动力量。战车也不再是单一的列成密集的横阵，而是分散部署，并形成多排的纵深部署，使战车的运动更灵活，便于调动，能适应多变的战场，防备敌人的冲击并能快速地进攻和追击。将帅们根据不同的兵力、地形等条件，灵活地把军队布置成各种作战队形，能灵活运用阵型的军队往往能战胜那些阵型不整或墨守成规的军队。这时的攻击和防御开始有了比较大的结合。一场战争往往在时间和空间上互相割裂开来，形成若干规模不等又具有共同目的的战斗，从而结束了一场战争只有一个战斗空间和时间的时代，迂回、包抄、遭遇、追击、翼侧攻击等新作战样式开始大量出现并应用于战场。

舆侧接敌、左右旋转是车战战术的基本原则。春秋时期，战车的初级战术编队以双车编组为主，即使被敌击溃，战车也不能单独行动。一个双车编组由左右两辆战车组成，一辆是主车，另一辆是副车，后者《左传》称贰车，《东京赋》称属车，《史记》称仆车，《诗经》和《孟子》称后车。建立在双车编组基础上的战车队也就分为左右两偏。战车的两车编组，有利于从左右两个方向同时接近敌车舆侧，形成对敌车的夹击，而在防御中，两车又能相互掩护一个侧面，不至左右受敌。追击时，一个双车编组展开后可以从左右两侧接敌，一个战车队也同样要将两编战车成雁翅形展开，构成角的队形。角是出现于春秋中期的一种追击队形，其特点是：可以在行进中直接将行军队形展开为战斗队形，将纵队逐次变为横队，避免了冗长的布阵程序；战车行进方向不在一条直线，且均以舆侧向敌，不会互相干扰；战车两两编组，均只有一个暴露的侧翼，可以互相掩护。到战国时期，角阵演变成了雁行之阵（"V"字形）。

在行军中，由于道路的宽度有限，战车一般以纵列队形行军。出于变换作战阵形的需要，以及行军途中防止遭受意外攻击的考虑，往往排成两个纵列。前驱、中军和后殿的得名，就是从行军队形而来的。辉县琉璃阁车马坑、虢国墓地梁姬陪葬车马坑和晋国赵卿墓车马坑所随葬的车均纵向排列，应当是以行军队形为参照的。

胡服骑射：骑兵的引入

骑兵的出现，大约始于春秋战国之交。在我国古代史籍中记录的中原地区最早组建骑兵的实例，是战国中期赵武灵王进行的"胡服骑射"。

赵武灵王（前340—前295），名雍，三家分晋后赵国第六代国君。在兼并剧烈的战国，赵国周围被齐、中山（都灵寿，今河北灵寿西北）、燕、林胡（位于今内蒙古鄂尔多斯高原）、楼烦（位于今山西西北部迤内蒙古阴山一线）、东胡（位于今河北张家口外长城以北）、秦、韩、魏包围着，时人称之为"四战之国"，群雄觊觎，连年被兵，形势险恶。特别是西边经过商鞅变法日益强盛的秦国，东南向以经济富庶、人丁雄盛的齐、中山，北方居山林高原、"利则进，不利则退"的剽悍能战的游牧民族三胡（林胡、楼烦、东胡）对赵威胁最大。赵武灵王之前，赵国在二三等小国中山的侵扰面前，都往往无力还击。赵武灵王在位前期，赵国曾被秦、魏攻伐战败六次，损兵折将，忍辱削地；同时三胡乘诸侯兼并特别是燕、赵全力御齐防秦的机会，连年发动军事掠夺，北边更无宁日。

在同三胡的交战中，赵武灵王深感中原传统车战的笨重难行，同时也深知胡服骑射便事尚功，就从自己的国情出发，打破中原传统的衣冠制度和兵制，实行"胡服骑射"。胡服骑射，即改革中原传统的上衣下裳、宽袍大袖的衣冠制度和车战体制，效法北方游牧民族军事上轻骑远射、机动灵活的战略战术和相应的紧身装束和装备，组建新式的骑兵部队，实行骑战。胡服和骑射是一个有机的整体，变胡服是出于习骑射的要求，习骑射是变胡服的出发点和归宿点。

实行胡服骑射之后，赵国建立了一支机动灵活的强大骑兵，并一举扭转了往昔秦兵东进和胡马南下的被动挨打局面。不仅攻灭了宿敌中山国，还彻底打败了三胡，从而使西至鄂尔多斯高原，北至大青山、阴山一线，尽入赵国版图。

胡服骑射使兵制、战术为之一变，骑兵一跃而为军内主要兵种和主力，推动了整个中原骑射的发展，标志我国由车战时代进入了骑战时代，在中国军事史上是一个划时代的大事件。此后，中原各国普遍加强骑兵建设，使骑兵发展成为独立兵种。主要诸侯国都成为"车千乘，骑万匹"的军事强国，"轻骑锐卒"活跃于战场。骑兵主要发挥机动灵活快速的特点，用以配合车兵、步兵作战，或作游骑之兵而出奇，或侦查通信，或突然奔袭等，故称"离合之兵"。从此，部队的运动速度、灵活机动能力增强，更能出奇制胜；作战中奔袭、奇袭、迂回、包围、伏击、侧击等方式方法也增多了；同时，初步形成了骑战的思想理论和战法。

《吴子》中谈到"千乘万骑，兼之徒兵""分车列骑""车骑挑之"，这些说的都是车、骑、徒兵的配合运用。该书还讲了马匹的保养方法和车骑装备鞍、勒、衔、辔，同时还谈到了吴起以"兼车五百乘，骑三千匹，而破秦五十万众"的实例。这是古兵书中最早较多讲骑战的，并且带有总结经验和理论的性质。

《六韬》论述了骑兵的地位、作用和骑战之法，认为"骑者，军之伺候也，所以踵败军，绝粮道，击便寇也"。还结合地形，讲了骑、车、步卒作战能力的对比：平地之战，一骑当步卒八人，十骑当一车；险地之战，一骑当步卒四人，六骑当一车；并有"十骑败百人，百骑走千人"之说。骑兵的编制，五骑一长，十骑一吏，百骑一率，二百骑一将。骑兵和车兵一样，被看作是"军之武兵"，具有快速冲击力量。战骑的十胜、九败，内容比较丰富具体，讲的是十种情况下战胜之法和九种不利情况和地形条件下致敌"死地"之法，主要从战术角度总结。又强调发挥骑兵机动快捷的特点，"或驰而往，或驰而来"，"薄其前后，猎其左右"，"深入长驱，绝其粮路"，但要防险隘之地，敌之诱伏。

《通典·兵典》中阐述了孙膑总结的"用骑十利"："一曰迎敌始至。二曰乘虚背敌。三曰追散乱击。四曰迎敌击后，使敌奔走。五曰遮其粮食，绝其军道。六曰败其关津，发其桥梁。七曰掩其不备，卒击其未整旅。八曰攻其懈怠，出其不意。九曰烧其积聚，虚其市里。十曰掠其田野，系累其子弟。此十者，骑战利也。""夫骑者，能离能合，能散能集，百里为期，千里而赴，出入无间，故名离合之兵也。"讲得比较系统，是经验和理论的总结。

攻城器械与守城器械

春秋战国时期攻城与守城器械的种类，较之以前有很大的增加与改进。现从攻城器械与守城器械两个方面分述如下。

1.攻城器械

云梯。云梯作为攻城时攀登城墙的长梯，在春秋战国初期已被发明和使用。《墨子·公输》载："公输盘为楚造云梯之械，成，将以攻宋。""子墨子解带为城，以牒为械。公输盘九设攻城之机变，子墨子九距之。公输盘之攻械尽，子墨子之守圉有余。"春秋战国时期云梯的构造，文献中没有详细的具体记载。《武备志·军资乘》中所记载的云梯及其结构，讲的是春秋战国以后的云梯。

冲车。春秋战国时用来攻城的战车。《荀子·强国》谈到"渠冲入穴而求利"，杨倞注："渠，大也。渠冲，攻城之大车也。"

犀车。春秋战国时期裹以犀皮用来攻战的战车。《韩非子·奸劫弑臣》："托于犀车良马之上，则可以陆犯阪阻之患。"

钩梯。登城战具。《管子·兵法》："凌山阬不待钩梯，历水谷不须舟楫。"《韩非子·外储说左上》："秦昭王令工施钩梯而登华山。"

轒辒。攻城战车。《墨子·备城门》在谈到"今之世常所以攻者"，轒辒被列为攻城战具之一。《孙子·谋攻》："攻城之法，为不得已，修橹轒辒。"

杜牧注释说："轒辒，四轮车，排大木为之，上蒙以生牛皮，下可容十人，往来运土填堑，木石不能伤，今所谓木驴是也。"

2.守城用的战具及设施

木楼。城上守楼，以木构造。《墨子·备城门》："百步一木楼，楼广前面九尺，高七尺。"

大楼。守城用的一种城楼。《墨子·备城门》："守堂下为大楼。"孙诒让《墨子间诂》："谓守宫堂下中门之上，为大楼以候望也。此即台门之制，但加高大耳。"

发梁。《墨子·备城门》，"去城门五步，大堑之，高地三丈，下至地，施贼其中，上为发梁，而机引之"，待"敌人遂入，引机发梁，敌人可禽。"

板桥。渡沟堑用的飞桥。《墨子·备城门》："断城以板桥。"孙诒让《墨子间诂》："连板为桥，架之城堑，以便往来。下云木桥长三丈，《六韬·军用》有'渡沟堑飞桥'，即此。"

铁锁。守城用器械。《墨子·备穴》："铁锁县，正当寇穴口。铁锁长三丈，端环，一端钩。"孙诒让《墨子间诂》："《六韬·军用》篇：铁械锁参连，百二十具，又有环利。铁锁长二丈以上，千二百枚。此铁锁端亦有环，与彼制合。""先为桔槔悬铁锁，长三丈以上，束柴苇焦草而燃之，坠于城外所穴之孔，以烟熏之，敌立死。""铁锁有两端，一端为环，一端为钩。据《通典》说，铁锁盖以环系于桔槔，而钩则以束柴苇焦草而燃之者也。"

知识链接

铁蒺藜

古代军事上常用的障碍器材，亦称"冷尖""渠答"，俗称"铁菱角"。铁制，形如蒺藜，故称铁蒺藜。其形制为四面带刺，刺尖朝上，中央有孔，便于用绳穿起。通常布设在敌人行军必然经由的道路上，用来阻碍敌方人马、车辆的行动。《六韬·军用》："狭路微径，张铁蒺藜，芒高四寸，广八寸，长六尺以上。"

 ## 战国时期各兵种协同作战

战国时期在军事上的步、车、骑兵种的协同作战，是同大规模的步兵野战联系在一起的。其中，骑兵的兴起与在战争中日益发挥重要作用，是关键性的因素。春秋是车战的鼎盛时期，车战是当时决定敌我双方胜负的主要作战方式。战国时期，情况发生了重大的变化。

首先，随着国、野界限的消失与大量郡县农民的应征入伍，国家既无能力配备大量的战车而农民也大多未能经过车战的专门训练，于是以农民为主体的步兵成了各国军队的主体力量，步战因此而再度复兴。其次，春秋以前的战争方式以野战为主，车战可发挥重要作用。战国时期，以攻夺城市要塞为目标的攻坚战日益增多，而在攻坚战中车战难以发挥重要的作用。加之远射兵器弩的广泛应用，有效地遏止了战车的攻击。

再次，由于争霸的战争扩大到中原地区以外的山地地区，车战已不适应山地作战的需要。这个问题，在战国中期的赵国已经提到议事日程。

作为七雄之一的赵国，在赵武灵王即位以前，屡受中山国以及胡人骑兵的侵扰，几乎失国。武灵王总结这一教训，因地制宜，在赵国实行胡服骑射，训练并建立骑兵，终于将中山国击破。骑兵作为一种兵种在赵国的建立及其取得的成功，在中原各国产生了深远的影响，各国无一不效仿赵国迅速地建立起自己的骑兵部队。战国后期，步、车、骑的协同作战，已成为当时重要的作战方式。

从前文可知，在大规模的步兵野战日益成为重要的作战方式的历史条件下，骑兵以其"能离能合""出入无间"的迅猛、高度机动的特长，在冲锋、突击、截击、迂回、穿插、分割、合围、追击中发挥了其他兵种无法具有的优势，因而在当时步兵野战的步、车、骑协同作战中居于特殊重要的地位。

在战国中后期的一些重要战役中，步、车、骑的协同作战有很多成功的范例。齐魏桂陵之战中，齐军以轻车锐卒直捣魏都大梁，迫使魏兵撤军，并回师于桂陵截击，大败魏军。秦赵长平之战，秦将白起正面佯退诱敌，并从侧翼派出两支奇兵，一支以两万五千人迂回切断赵军的退路和粮道，一支以五千骑兵穿插分割并包围赵军，最终全歼四十五万赵军。战国末年，赵国名将李牧以一千三百辆战车、一万三千名骑兵、十五万步兵（其中有专习弩射的十万名"彀者"）协同作战，以车、骑从两翼配合正面出击的主力部队，"大杀匈奴十余万骑"，成为战国时期步、车、骑协同作战最典型的范例。

扩展阅读 车阵厮杀

　　战国时期的兼并战争，比春秋时期更激烈、更频繁，规模也更大。各大国都拥有雄厚的武装力量，秦楚两国各有步兵百万，车千乘，骑万匹；赵、齐、燕各有步兵数十万；韩国兵力最弱，也有步兵三十万。作战时常常动员兵力数十万。一次战役，被斩首的士兵常达数万甚至数十万。春秋时期晋楚城濮之战，晋兵力估计不过两万，楚兵力估计不过四万。公元前341年马陵之战，魏国动用"十万之军"。公元前293年，秦将白起大破韩、魏联军于伊阙，斩首二十四万。公元前260年长平之战，秦竟活埋所俘赵军四十多万。长平之战也因此成为战国时期最大的一次战争，是我国古代战争史上一次大规模的歼灭战。战国晚期，魏楚以及齐国先后衰落，只有赵国比较强大。赵国在长平之战中被消灭了四十多万军队，丧失了强国的地位，秦国则变得更加强大。到公元前246年秦王嬴政即位的时候，秦国已是"地方数千里，师名百万，号令赏罚天下不如"了。

　　春秋时作战多用兵车，战败一方的车阵一乱，就很难整顿，所以几次大战都是一天之内分胜负。战国时步兵、骑兵成为主要兵种，野战和包围战在相当程度上代替了车阵作战，战争也"旷日持久"，有时长达三五年。而为了防备敌人的进攻，各国边境修筑了大规模的防御工程，其中比较长的就是长城。

战国时期，车兵仍然是军队中的主力兵种，在战争中发挥着重要作用。公元前354年，赵国为了兼并土地和扩张势力，进攻卫国，魏国趁机起兵伐赵，率宋、卫联军包围了赵都邯郸。第二年，赵向齐求救，齐以田忌为将，孙膑为军师，率军前往救援。齐军采取"围魏救赵"的办法，进攻魏都大梁，迫使魏军回师自救。孙膑派轻快战车西向直趋大梁城郊，"以怒其气"，又把队伍分散"示之寡"，诱使庞涓震怒而轻敌，放弃辎重，急行军兼程追赶齐军。齐军在桂陵（今河南长垣西北）设伏，大败魏军。此战中，齐军的轻快战车在诱敌中起到了关键作用。公元前342年，魏国进攻韩国，齐派兵伐魏救韩。孙膑用"减灶诱敌"的计策，诱使魏军以少数精锐轻装部队兼程追赶至马陵（今山东范县西南）。适逢天黑，马陵道路狭窄，两旁多阻隘，"齐军万弩俱发，魏军大乱相失"，魏军主力被全歼，太子申被俘，庞涓自杀。在此战中，齐军把许多战车和兵器作为障碍物，歼灭魏军于"窄处隘塞死地之中"。齐军不仅大量使用了战车，而且在不利战车作战的地区灵活使用战车，收到了阻塞魏军的奇效。

战国时期，战车数量的多少，仍是衡量一国军力的重要标志。著名的纵横家苏秦、张仪、公孙衍等人，游说各国论及某国军力时常用"车千乘""车七百乘""车六百乘"指代，且时有盛赞某国战车优良的言辞，可见战车的重要地位。《史记》载："楚王曰：'善。'乃警四境之内，兴师言救韩。命战车满道路，发信臣，多其车，重其币。"公元前405年，韩、赵、魏三国联合攻齐，"大败之，齐将死，得车二千"。赵国将军李牧攻打匈奴，用车达一千三百辆。楚国诗人屈原在《九歌·国殇》中描绘了当时车战的宏大场面："操吴戈兮被犀甲，车错毂兮短兵接。旌蔽日兮敌若云，矢交坠兮士争先。凌余阵兮躐余行，左骖殪兮右刃伤。霾两轮兮絷四马，援玉枹兮击鸣鼓。天时坠兮威灵怒，严杀尽兮弃原野。出不入兮往不反，平原忽兮路超远。带长剑兮挟秦弓，首身离兮心不惩。"战斗的核心是将军指挥作战的战车，四周的"行"就是协同作战的徒兵队伍，作战的指挥号令体系是金鼓旌旗，将军手持玉枹不停地擂响着战鼓，指挥将士们奋勇杀敌，只进不退。敌对一方则是旌旗蔽日，战车如云。战车上的将士所用的长兵就是"长戈"，近战的短兵则是长剑。《孙膑兵法》中明确提到："易则多其车，险则多其骑。"说明战国时期在平原地区作战中，战车仍然被广泛使用。《六韬》设《战车》专篇详细描述了战车的功能和作战特点，列举了车之"十死八胜"，系统总结了兵车作战的十种不利地形和八种有利情况，并在《均兵》篇中突出强调了战车的作用："车者，军之羽翼也。所以陷坚阵，要强敌，遮走北也。"指出了车兵在平原地区作战的威力。众多的考古发现也证明战车和车兵在战国时代依旧占有比较重要的地位。例如，秦始皇陵兵马俑坑中，车兵、骑兵和步兵分别编组，表明战车部队作为一个独立的兵种，具有相当规模，并且是步兵、骑兵协同作战。秦国正是凭借包括战车兵在内的强大的军队，才拥有了统一六国的底气和实力。

第九章

梦回故朝
——春秋战国文明的遗物

春秋战国时期是中国古代史上文化发展的重要时期，也是中国由奴隶制社会向封建制社会转变的重要时期。随着现代考古工作的推进，这一时期的精美物品展现在了世人的面前。

春秋战国时期的铜禁

"禁，承尊之器也。"（《仪礼注疏·士冠礼第一》郑玄注）也就是说此时的禁是用来放置樽、豆等酒礼器和其他祭祀用品的。春秋时期的一件铜禁，禁面的四边和四壁装饰着多层透雕蟠龙纹，器上攀附十二条龙，器的足是十条爬行的虎。中国人是龙的传人。长久以来，龙凝结了中华民族特有的精神，龙的形象也是经过历史的不断积淀形成的。从这个器物中我们看到，两千多年前的龙是如此神态自若。整件器物一气呵成，气魄雄浑，装饰复杂但不多余，不仅起到了平稳承托的作用，而且使器具本身具有雕塑的美感，把功能性和装饰性很好地结合在一起。

战国时期的禁继承了这一特点。湖北随县出土的战国木禁，由一整块厚木雕凿而成，雕刻手法精美绝伦，禁面有方形凸起的全角包边，雕刻着与铜器类似的龙纹和云纹。面板当中有一个十字隔梁。腿部是形象生动的四只野兽，兽的前腿向上弯曲，连接禁面与禁座，下腿环抱方柱。通身黑漆为底，朱绘花纹，有草叶纹、陶纹、鳞纹和涡纹等。器物高520毫米，面长宽各550毫米，底座长宽均418毫米。

战国时期出现了一种无足禁，叫斯禁或禁枤。湖北出土的无足禁枤，是一个长方体的厚木块。禁枤通体髹黑漆，绘有红漆花纹，在四周和中间加绘陶纹，并在以陶纹构成的面板上绘有圆圈纹，其上放置陶方壶。

知识链接

战国青铜联禁大壶

联禁大壶于 1978 年在湖北省随州市曾侯乙墓出土。禁高 13.2 厘米，长 117.5 厘米，宽 53.4 厘米，厚 3.1—3.6 厘米，重 35.2 公斤。壶通高 99 厘米。铜质。禁面为长方形，有两个并列的凹圈以承放方壶。中间和四角有方形、曲尺形凸起装饰。禁的两长边有对称的四兽为足，兽的口部和前足衔托禁板，后足蹬地。禁面和侧面均有纹饰，方形和曲尺形凸起部位为浮雕的蟠螭纹，其他部分则为平雕的多体蟠螭纹。出土时两壶置于铜禁上，壶的形制、大小相同，敞口，厚方唇，长颈，圆鼓腹，圈足，壶盖顶有一衔环的蛇形纽，壶颈两侧攀附两条屈拱的龙形耳，腹部的凸棱将腹面分为 8 个规则的方块，每块内浮雕蟠螭纹。此器现藏湖北省博物馆。

祭祀用具：俎

俎，和禁一样也是多在祭祀时使用的家具，当时有木、陶、铜等多种质地。它们的大量出土反映了当时祭祀文化的繁荣。那时的祭祀已经从蒙昧、单纯中进步了，成为道德观念的载体和政治统治的工具。从俎的造型看，

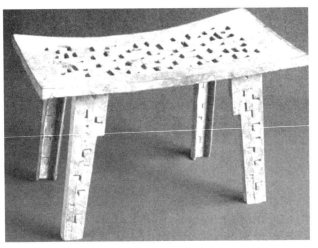

河南出土的青铜俎

春秋战国时期的俎，已具备桌案的雏形了。河南淅川下寺二号楚墓出土的青铜俎，两端微翘，两端宽，中间窄，中部呈凹状，四足扁平。这种形状基本上是沿用西周时期俎的形制，只是制作上更加精美，俎四足断面呈凹槽形，俎面和四足都装饰有镂孔的矩形花纹，周身又饰以细线蟠纹。

湖北当阳赵巷4号墓出土的春秋漆俎，是典型的榫卯结合的家具。俎面底部开四个卯孔，四足为曲尺形，足顶部有榫，只要插入俎面底部的卯孔，俎便组装而成。面板四周起沿，两头上翘。俎面髹红漆。俎面板四角侧面由十二组三十只瑞兽珍禽组成，有鹿头、龙身、虎爪等融合为一体的动物。造型奇特，纹饰优美。俎长24.5厘米，宽19厘米。

战国时期的俎使用上比较随意。《史记·项羽本纪》中，樊哙对刘邦说"人为刀俎，我为鱼肉"，意思是人家像刀和砧板，我们却像砧板上的鱼肉。可见俎此时的用途已延伸到了砧板，这正是古代家具一物多用的结果。战国俎在形态上与春秋时期比较，足的变化比较大。大致分成四种形式。

一种是币形足，俎的面板呈长方形，在俎的长边中部加有一对足。足上端削出的长方形榫头插入面板的长方形的榫孔内，有的用横板加固。如河南信阳市长台关1号墓出土的战国漆俎，通过髹漆，在俎面、俎板的周沿以及足的外面绘有各种朱色云纹。

一种是栅形直足。俎的面板由三根棱形高足支撑，高足的下端插于长条形的横跗上。湖北望山（今湖北荆州）出土的俎就是这种形态，此俎通体髹黑漆，素面，装饰纹不多。长 21 厘米，高约 10 厘米，宽 8.7 厘米。

一种是箱形足。这种俎的足座由两个币形立板和两个横挡板嵌合而成，使这种足座略似箱形。这种用榫接和嵌合的连接方式组合的器物，经历了千年的斗转星移，不但流传至今，而且依旧坚固耐用，不得不令人惊叹。

一种是面板带立板如长台关楚墓出土的大房俎。俎面上带两块立板，有的立板上伸出锥状立柱。

 精美绝伦的楚式漆案、漆几

从近年来考古发掘的情况看，目前为止发掘出楚墓有 6000 余座，其中千余座出土了漆器，出漆案、漆几的墓葬有几十座之多。

漆案的形式很多，面板有正方形、长方形和圜形之分。其中有拦水线四边起沿的长方盘形漆案很具特色，此案主要是承置食器的平面器具，为进食之具，形如旧时饭馆上食的方盘，盘面案是由漆盘发展而来的。案和盘的区别在于案下有矮足。《急就篇》颜师古注："无足曰盘，有足曰案。"史书中关于食案的描述很多。《说文》："案，几属也。"以食案的功能而论，这类案面非常平整，主要是案上要放置盛满食物的食具；为防止食物

汤水外溢，案周起沿或拦水线。因为古人"席地而坐"，就食的器具较矮才相适宜，加之需持案进食，案上陈放的应是较轻、较小的食具，所以整个漆案较矮，造型轻巧，案板也不宜太厚。出土的该类漆案较多，例如信阳 1 号墓、天星观 1 号墓、湖北江陵藤店 1 号墓、绍兴凤凰山木椁墓都有发现。这类案中还有一种制作非常精致的案，案面常绘金、银、黑、黄的角涡纹、云纹组成的四方连续图案，其色调富丽非前代所能比拟，案的四隅嵌有铜角，两侧镶嵌有铜铺首衔环和蹄状矮足。比较著名的有信阳 1 号墓出土的案，该案面髹朱漆地，上绘 36 个圆涡纹，排列成 4 行，每行 9 个，用绿、金、黑三色组成粗线条图案。翘起的案沿外面削成斜面，面内呈弧形，有铜角，镶嵌有铺首。此外，在信阳 2 号墓、鄂城 4 号墓、湘乡牛形山 1 号墓、湖北江陵望山 1 号墓等出土的漆案都与此类相同。这类案足比较矮，而且比较轻便，图案花纹整齐，色彩鲜艳，纹饰秀丽，线条流畅。

另一种为大型盘面案，案面一般为木质，呈长方盘形，由两块木板拼合，周边略高，四角嵌截面为直角形的曲尺形铜构件，构件拐角处尖状上侈。如包山 2 号楚墓出土的大型盘面矮足漆案，长 182.8 厘米，宽 85.4 厘米，高 13.6 厘米，背面各有一道燕尾形凹槽，槽中榫入截面为燕尾形的楔木。楔木两端分别套接马蹄形铜足，足上端为兽面铺首衔环。通体髹黑漆。铜曲尺构件上错银折线式二方连续勾连云纹。其用途可能仅用于就食或聚食，不便做搬抬进食之用。

此外还有圆形案，如江陵雨台山楚墓出土的圜形木案。圆形三足。《说文》："榣，圜案也。"上有用过的痕迹，背面髹红漆。

几在先秦文献中多有记载，《周礼·春官·司几筵》曾记载先秦的所谓"五几"之制，文中指出先秦礼仪活动中不同场合以五席与玉几、雕几、彤几、漆几、素几五种古几相配使用。对于五几之名，汉儒认为多与古几之设饰有关，显然是指古几的设饰、颜色而言。有学者对近年来春秋战国时期楚墓中出土的漆几进行统计，并从装饰、绘色上体现了这五种几的区别。

玉几，板足。如信阳2号墓出土的嵌玉几，几四周均匀镶着20块体积约为1.5立方厘米的白玉，非常精美。这种造型也是所见最早的一件。此类造型显著特点是由三块木板合成，中横一板，两侧各立一板，以榫眼相连，从侧看恰似H形。但形制多样，有的侧立板顶部向内卷曲，有的髹饰纹饰，有的镶嵌玉石。H形漆玉几，其造型厚重古拙，可以看出工艺美术从厚重庄严的青铜艺术向绚丽轻巧的漆器艺术发展中过渡时期的特点。

雕几，一般为栅形直足，每边有四根圆柱式足呈并列状，均衡而对称。有的栅形加斜撑足，如湖南长沙浏城桥出土的战国早期墓葬中出土了雕刻木几，通体髹黑漆，发亮，长方形几面用一块整木雕成，浅刻云纹，两端刻兽面纹，兽面纹甚为精美生动，刀法娴熟。几下两边各有栅形柱状足6根，其中4根直立承托几面，下插入方形榫中。另有两根从足座树木交叉于几面腹下形成斜撑，不但造型轻盈秀丽，而且使几足更加牢固。这种做法是目前所见最早的一件。另外在信阳1、2号楚墓中也各出了一件雕几，整个几面全部浮雕兽面纹，刀法极为熟练，十分精美。

彤几，在楚墓中时常出现，如随县曾侯乙墓就出土过这样的几，该几的突出特征是其色彩为朱红色。

漆几，《周礼》的漆几并非指用漆制作或漆髹几身，而是指其物黑。《周礼·春官·巾车》有"漆车，藩蔽"之语，郑玄注云："漆车，黑车也。"漆含黑意甚明。"信阳1号楚墓中出土了一件通体髹黑漆的几，应为漆几。

素几，在先秦古文献中，素色通常是指白色而言，《国语·吴语》有

"白折、白旗、素甲、白羽"。《周礼·春官·巾车》有"素车"，郑玄注云："以白物涂白之也。"楚墓中出土过白色饰几。

若按几的形制来分，其变化就更多了，单从几足看就有许多种，且变化多端。有单足几，这是一种古老的凭几。单足，一般几面较窄，有的面板下凹。两端底部各装一圆柱形足，成S形曲线。下有拱形座。在信阳楚墓、江陵雨台山楚墓、长沙楚墓中均有发现。如长沙扫把塘 M136 出土了一件，其足基本造型为曲线，足与拱形座相接，均用套榫结合，具有一定稳定感。有栅形直足几，一般几的两端各有三足，下有拱形横枨，以湖南常德德山25号楚墓最为典型。这种几还有一种几面两短边和一长边起较高的沿，其中有一边没有起沿。一般先秦几主要是用来凭倚的，但这种起沿几很可能是《释名·释床帐》中所说的"庋物"几，用以置文书、什物等。

综观楚式漆案、漆几的艺术造型特点和艺术风格，可归纳为以下几个方面。

第一，功能设计合理。一件家具，首先是要满足人们生活中某种使用要求。春秋战国时期家居习俗为"席地而坐"，即"跽坐"，跽坐时两膝着地，以臀部靠住脚跟，上身挺直，以示庄重，所以人们的视线和身体所及的高度以及器物的装饰面都决定了漆案、漆几等家具为低型家具。漆案、漆几的比例尺度是比较科学合理的。如案面高度多在10—20厘米之间，并具有以下三方面的特征：其一，案面较薄，造型轻巧，只摆放一些食品和食具；其二，案面四沿高起，构成了"拦水线"，其目的是为防止汤水外溢；其三，按其使用功能，在墓葬中与床、席等坐卧具同出，也有和篓等杂器同出的。再如漆几的高度，一般在30—40厘米之间，适于人们"隐几而坐"。

第二，装饰精美。漆案、漆几装饰手法有彩绘、浮雕和阴刻几种，其中以彩绘为主，漆案、漆几图案一般采用适合长方几、案面的二方连续纹饰或四方连续纹样，构图疏密有致、节奏鲜明，题材以植物纹饰、自然景观变化而来的如意纹饰为主。装饰的纹样和布局不拘一式，繁简相宜。

独具特色的楚式小屏风

屏风，即室内挡风或作为障蔽的用具。屏风和床、案、几一样，几乎是古代不可缺少的家具。屏风起源很早，它的使用在西周初期就已开始，不过当时没有屏风这个词，称其为"邸"或"宸""斧宸"，或写作"黼宸"，"宸"，也写作"依"。是古时天子座后的屏风，又可称为"康坐"，即专指御坐后所设的屏风。《尚书·顾命》："狄设黼宸缀衣。"《礼记》也载："天子设斧依于户牖之间。"郑玄注："依，如今绨素屏风也，有绣斧纹所示威也。"《周礼·天官·掌次》载"设皇邸。""邸"，郑玄注："邸，后板也。"后板者，为大方板设于坐后，为斧纹，指屏风。皇邸，即周朝时为天子专用的屏风。周天子在冬至祭时，背后一般设皇邸，即屏风。它以木为框，糊以绛帛，上画斧纹，斧形的近刃处画白色，其余部分画黑色，这是天子名位与权利的象征。

屏风最初主要是为了挡风和遮蔽之用，但随着屏风的普遍使用，品种也不断增多。到春秋战国时期，屏风的使用已相当广泛，出现了精巧的座屏，属于陈设于房间的纯装饰性观赏为主的精美华丽小座屏，说明随着社会的进步，家具开始具备了欣赏价值，而楚墓中保存了目前所见最早和最完整的屏风精品。这些考古发掘资料为我们研究春秋战国时期的屏风提供了宝贵的实物资料。

从楚墓出土的屏风实物资料来看，楚墓屏风为彩漆木雕座屏，即一种透雕各种纹样或图案的屏风，屏为单层雕镂，屏、座一般连在一起整体雕成。其特点为造型精巧，大多属装饰性的小陈设。1965 年湖北望山 1 号楚墓出土的 1 件彩绘木雕小屏，通高 15 厘米，长 51.8 厘米。两端着地，中部悬空，座上为长方形外框，外框中间透雕凤、雀、鹿、蛙、蛇等大小动物，屏座由数条蛇屈曲盘绕。周身黑漆为底，并有朱红、灰绿、金银等漆的彩绘凤纹等图案，雕刻的动物相互争斗，形态逼真，堪称艺术精品。1978 年湖北江陵天星观 1 号楚墓出土了 5 件彩绘木雕座屏。由凸形座和长方形屏两部分组成。屏中间用立木分隔，两侧各透雕一龙 1 件和双龙 4 件，双龙背向，尾相连，各龙瞪目、吐舌、屈身、卷爪，作欲腾状。通体髹黑漆。座两侧斜面阴刻云纹，红、黄、金三色彩绘，两端侧面及立木饰三角云纹，龙身各部均用红、黄、金三色彩绘。雕刻技巧和工艺水平之高，实在令人惊叹。1982 年，湖北江陵马山砖厂 2 号楚墓出土了 1 件彩绘雕刻座屏，但被火焚烧甚残，仅存一角，周身髹黑漆彩绘，残高 8 厘米，残宽 15 厘米。

知识链接

春秋时期的漆俎

漆俎于 1988 年在湖北省当阳县赵巷 4 号楚墓出土。高 14.5 厘米，长 24.5 厘米，宽 19 厘米。木质。斫制。俎面长条形，面底部开 4 个卯孔，四足为曲尺形足，足顶部设榫，可插入俎面卯孔，组装成俎。面板四周起沿，两头上翘。俎面髹红漆，素面。俎面板四角侧面由 12 组 30 只瑞兽珍禽组成，有鹿头、龙身、虎爪等融合为一体的动物。这些禽兽形态各异，瑞兽有大小耳之别，还有匍匐与弓背之异，造型奇特，纹饰优美。此墓共出土了 3 件彩绘动物纹四足漆俎，其造型纹饰相似。皮道坚认为楚墓出土的漆俎在形制和纹饰上均脱胎于铜器，"鹿和凤鸟的反复出现，是相对于商代艺术以饕餮为主题的一种有趣转换"。该俎大量运用 S 形曲线来组成图案，造成运动感极强的图绘效果。我们可以从后来的战国楚艺术中，看到更强的节奏感和韵律感。此器现藏于湖北省宜昌市博物馆。

巧夺天工的青铜器

郭沫若曾对春秋战国时期青铜工艺进行过精辟的概述："自春秋中叶至战国末年，一切器物呈出精巧的气象……器制轻便适用而多样化，质薄，形巧。花纹多全身施饰，主要为精细之几何图案，每以现实性的动物为附饰物，一见即觉其灵巧。"这时期青铜器出现了前所未有的新特征，其功能与商、西周相比有明显变化。商代青铜器以祭祀用器为主，具有宗教性意义。周代青铜器以礼器为主，具有人事的定义。而春秋战国时期青铜器虽然仍旧带有礼器的特征，但已逐渐失去祭祀和礼器的职能，向生活日用器物方面发展。

这个时期，除承前代青铜禁、俎等部分传统品类外，还出现了新的品种青铜案，而且不论造型还是装饰都与前代有所不同。特别是在青铜器制作工艺上不断创新。在制作上，由商周时期浑铸，发展到分铸，又采用焊接、镶嵌、蜡模等新技术、新方法，使青铜家具式样更加丰富多彩，玲珑精巧，其技艺达到历史的最高水平。青铜工艺制作技术的改进，使加工方法种类繁多，因而大大加强了它的装饰艺术表现力，丰富了它的工艺形象。如焊接方法的应用，既便利铸制过程，也可以丰富器体的造型，提高青铜器的艺术效果。金银错，是一种错嵌金银为装饰的青铜器，在铜器上刻成图案浅槽，后用金银丝或金银片镶嵌入槽内，用错石（厝石）再磨错平滑。厝石就是细砂岩。金银错是春秋战国时期青铜工艺装饰的一种新创造。鎏金是将金箔剪成碎片，放入坩埚内加热，然后以 1:7 的比例加入水银，即熔化成为液体，这种液体也称为金泥，再将金泥蘸以盐、矾等物涂在铜器上，经炭火温烤，使水银蒸发，金泥则固着于铜器上，称为鎏金。最值得一提的是这时期失蜡法的运用。失蜡法制作简便，无须分块，用蜡制成器形，内外用泥填充加固，待干后，倒入铜溶液，蜡液流出，原有蜡处即为铸造物。这样制作的器物表面光滑，层次丰富，可制作出复杂的空间立体镂空装饰效果。失蜡法的创造，是我国古代金属铸造和铸件装饰史上的一项伟大发明。

1978 年出土于河南省淅川县下寺 2 号春秋楚墓的云纹禁，禁面四边及侧面均饰有透雕云纹，禁身前后两面各饰有 4 个立雕伏兽，左右两侧面各饰有两个立雕伏兽，禁体下共有 10 个立雕状兽足，禁四周围着的龙，以及立体框边、错综结构的内部支条均是用失蜡法铸造的，尚可见蜡条支撑的铸态。说明当时的铸造技术十分先进。有学者认为，此器是目前所见的中国最早的用失蜡法熔模工艺铸造的产品。再如河南省淅川下寺 2 号春秋楚

墓出土的青铜俎，两端微翘，两端宽，中间窄，中部呈凹状，四足扁平。断面呈凹槽形，俎面和四足均饰镂孔矩形花，周身又饰以细线蟠虺纹，造型给人轻巧的感觉。

战国时期的青铜器

1997 年河北省平山县战国中山王墓中出土的错金银嵌龙形方案，案之四缘饰有错金银云纹，其上镶漆木案面已朽。案座为四龙四凤缠绕盘结成半球形，龙头顶斗拱承接着方案。龙凤之下为圆圈形底盘，盘缘饰有错金银云纹，盘下有 4 只梅花鹿，亦饰错金银云纹，动物造型尤为生动。

由于青铜器采用模印的方法产生装饰花纹，所以四周衔接具有整体效果，统一而不单调，繁复而不凌乱。青铜器的装饰题材逐渐摆脱了宗教神秘气氛，使传统的动物纹更加抽象化，出现反映社会现实生活的题材。这时期青铜器造型附件既是装饰，也是整体造型的一部分。如淅川下寺 2 号墓出土的禁附饰足，为富有生趣的动物虎足，尤为生动。而河北中山王墓

出土的龙凤方案，其案面下的 4 足为梅花鹿足，栩栩如生。这些青铜家具上的造型附件，既起到装饰作用，又是整个造型、功能中的有机组成部分。另外还常在漆木家具上配以青铜器扣件，或镶嵌竹器、玉石等饰件，既增加了木质家具的牢固实用性，又增加了木质家具的装饰性。漆木案上的四隅常常包镶铜角，两边也常加青铜铺首衔珏和装铜质蹄状矮足等。

总之，春秋战国时期青铜器的风格特征是轻巧灵秀。其造型曲折、圆润规整，寓变化于简练之中，镂空的纹饰、轻薄的器壁，给人轻巧、灵活、挺秀之感，充分展示了这个时期新工艺的新风格，这种新的特征代替了商周青铜器那种神秘威严的特征，从而标志着我国青铜器装饰艺术发展进入了一个新的时期。

春秋战国精美玉制品

春秋战国是文化艺术大发展的时期，这一时期宽松的社会环境和铁器的大量使用，使中国古代玉器进入第一个繁荣阶段。受儒家思想的影响，此时的玉器已与礼制有机地结合起来，被赋予了更多的文化内涵。君子无不以玉为典范，"君子比德于玉"，玉佩饰成为最重要的随身装饰，其中，最能体现时代特征的是各种龙、凤、虎形玉佩，造型优美，线条流畅，富于活力和艺术性，反映出当时人们思想的自由性和创造力。传统礼器玉璧成为最重要的礼器，成为最能与文献中的六瑞相印证的器物。在碾制技术上，镂空、减地浅浮雕普遍应用。当时还大量使用镶嵌工艺，常将玉、绿松石、玛瑙、宝石等不同色泽、不同质地的宝物与使用金银错、鎏金的金属器物镶嵌起来，具有富丽堂皇、精美绝伦的艺术效果。春秋战国玉器，以其使用的普遍性、丰富的文化内涵、极富创造力的造型、精美的纹饰和极高的工艺成就创造了中国古代玉器发展史上的一个高峰。

1.玉璜

造型多为扇面形，璜体表面饰有阴线刻或浅浮雕的龙首纹，碾磨精细，图纹繁密，龙首上下变化，相互纠结，给人以眼花缭乱之感。此时玉璜最大的特点和变化是一改西周玉璜两端穿孔、佩戴时弧缘向下的组合形式，而变为穿孔设置于弧缘正中，佩戴时两端向下，弧缘向上。

2.剑格

剑格是处在剑首之下、剑口之上，即剑把和剑身之间的玉质饰物。它同剑首一样，最早出土于江苏程桥春秋晚期墓中。造型两端呈椭圆形，中心有一菱形孔，孔的周围饰有勾连云纹。正面四周用六道浅槽，分割成大小不等的长方形凸面，每凸面均饰有不同的几何形纹饰，风格与同出剑首相似。此器发现时，菱形孔内仍嵌有青铜剑柄。

3.玉璏

玉璏是一种有孔道可供穿挂的饰物，它与皮革和剑鞘有着密切的关系，往往出现于剑鞘侧略近鞘口和人体尸骨腰侧的部位，可见它是使剑穿挂于革带上的唯一饰件，有一定的实用价值。其造型大同小异，一般面上部平整，呈长方形，有时略呈弧形，或光素，或琢饰有谷纹、云纹、兽面纹等，器面的两端向下并向内弯曲微收，侧视下部略近一端有一长方形穿孔，供穿挂之用。

4.玉珌

玉珌是装饰在剑鞘末端的玉质品。目前最早的玉实物资料出土于太原金胜村赵氏墓中。一件呈扁长方体，长4厘米，高3.7厘米，厚0.9厘米。上端两角处各钻一穿孔，孔内有三道金丝与剑鞘下端相连，中部有两个凹坑，可纳鞘之底端，玉珌表面满饰颗粒饱满的勾连云纹。另一件为动物造型，似鸟非鸟，似鱼非鱼，十分怪异。

5.玉璧

玉璧的出土很多，较明显的特点是谷纹璧开始流行和出廓璧、镂雕璧的出现。谷纹璧双面雕琢细小的谷纹，内、外一周边缘各有一道等宽的素边。除此之外，常见的还有蒲纹、小勾云纹、双身龙纹与谷纹相结合等。出廓璧是在玉璧的外廓雕琢有龙、凤或其他动物形象。镂雕璧是在玉璧的内孔和外轮廓以透雕的方法，将龙纹、龙凤纹或其他纹饰同玉璧一起雕琢成形，有全镂雕和局部镂雕之分。较为常见的是内孔雕有兽身龙，昂首翘臀，尾亦上翘外卷，大嘴，生有犄角。璧廓外所饰鸟纹多见于两侧，带有镂雕的鸟纹，鸟身朝外，头小尾低，颈及背部与璧相接。饰有云纹和勾连纹的璧仍流行，素璧日趋见少。

战国文字遗物：古玺

战国时期玺印已普遍使用，印文均取六国文字，奇丽瑰异，变化多端，有朱文、白文，朱文多为铸造，而白文有铸有凿。

战国古玺可分为官玺和私玺两大类，官玺以白文居多，少数铸款朱文。铸造官玺，印面比白文略小，"文柏西疆司冠"印面右半边四个字，大小疏密抱成一团，和左边两字，形成强烈对比。印文的参差错落、布局的离合有伦，使此印顾盼有情，映带有姿，艺术性很高。"富昌韩君"印文有四个字，

战国古玺

却作三个字的条状安排，"富昌"两字，若断若连浑如一字，"韩"字"君"字都拉长夸张，显得十分舒展空灵，四根直笔或长或短，或正或斜，彼此呼应，十分耐看。"舒啬夫"，印文每个字都取斜势，可为险峻，但倾而不倒，于不平衡中求平衡，颇得"以斜反正之妙"。另外几钮也都古厚质朴、奇特多姿。

战国私玺，以姓名印为主，朱文玺宽边细文，白文玺多加边框，印文都精严秀逸，端凝浑朴，也有成语印、单字印、图象印、蜡封印等，制作精致、布局生动。还有一种俗称杂形玺的，形式更是丰富多样，有凸形的，有一方一圆一三角连成一体的，或以三圆作成连珠，或如三叶齐展，均构思奇特，变化莫测，充分体现了当时印工的聪明才智和艺术构思。

"上官黑"，"上官"两字的合理承应，更强调了疏密关系。"孙襄"，左右两字的合理挪让使此印笔势舒展、和谐清丽。"昌"字单字印，通过夸张、变形的手法，使印文和宽圆边融为一体。上下二个"曰"部互变形制，宛如一幅图案，饱满酣畅，质朴醇厚。为免雷同，又把上面一个"曰"的中间一横浓缩成一厚点，起了画龙点睛的作用。"千秋万世昌"，是战国玺中的五面印，五个字东南西北中各居一方，而字的大小、宽窄、疏密，又互不相同，却能上下呼应，左右顾盼，融为一体，令人赏悦。以后的魏晋六面印实脱胎于此。战国鹿图案印，造型简练，厚重含蓄，给人以朴实无华、自然纯真之感。古人谓"鹿者乐也"，有吉祥之意。帝俊图案印，也是神采盎然，想象丰富。帝俊是《山海经》传说中的人物，鸟头、熊身，是古代东方殷民族所奉祀的上帝。此印又有发展，刻为一身两头，左右顾盼，十分生动，当时亦是吉祥之物。

战国古玺中还有一批型制特大的，俗称为巨玺。"日庚都萃车马"，是一钮豪放雄浑、气势磅礴的古玺。原印有6.9厘米见方，是朱文古玺中最大的，上端有方孔，可以插柄，作烙马之用。此玺在章法上颇具特色，"日庚""车"四字或斜或正各居左右。中间大块留白，然后"都"字"马"字又猝然相合，与上面的空间形成强烈的疏密对比。真有"宽可走马，密不容针"之妙。观此印静与动、大与小、虚与实，对比强烈又相辅相成，形成了它浑朴高古的风貌。

战国古玺以其精湛的艺术构思和非凡的制作技巧，在印章史上写下了奇异瑰丽的一页，我们对古玺印的研究正方兴未艾，有许多问题还亟须做进一步的探讨，例如众多的古玺文字还难以解释，战国官玺为何有朱白、大小之分等等。随着考古事业的发展，出土文物的增多，我们对古玺印的研究和认识一定会更进一步的。

战国时期的笛与篪

我国横吹单管乐器——笛（横笛），过去由于未见实物，只能根据传为宋玉的《笛赋》推测在战国时已经流行。后来，湖北随县战国初曾侯乙墓（前433）和湖南长沙马王堆一号汉墓（前168）均出土了横吹单管乐器的实物，这就使我们研究它的早期历史有了可靠的依据。

曾侯乙墓出土的横吹单管乐器共两件，均放置于供墓主宴享之用的中室。一件全长29.3厘米，管端外径1.9厘米，管尾外径1.7厘米，内径因竹壁腐烂已无法测定。整个乐器用一根一端带有竹节的竹管制成。管身髹黑漆，并饰朱漆彩绘三角云纹与弦纹。管端用木堵塞，管尾利用竹节横隔堵住，是一种有底的闭口管。

在距管端1.7厘米处，有一椭圆形吹孔，0.9厘米×0.5厘米。距管端25.8厘米处，有一椭圆形出音孔，为0.8厘米×0.7厘米。吹孔与出音孔，位置完全对称，在同一水平面上。距管尾4.3厘米处的管身一侧，有一用刀刮成的宽0.7厘米、长约11.6厘米的平面，上有五个按音孔。各孔均呈圆形，直径约为0.6厘米。其中距吹孔最近的第一孔与第二、第三两孔，间距为2.1厘米或2厘米。三孔自成一组。第四、第五两孔，成另一组，五个按音孔与吹孔、出音孔构成直角。

另一件全长 30.2 厘米，管端外径 1.7 厘米，管尾外径 1.6 厘米。距管端 1.4 厘米处有一椭圆形吹孔，为 0.75 厘米×0.65 厘米。管尾竹节横隔上有直径为 1.7 厘米的不规则小孔。孔边比较粗糙，可能是竹节腐烂所致。其他形制与前者相似，两者应是同一种乐器。

据《周礼》郑玄注："篴，如管，六孔。"《太平御览》引《广雅》："篴以竹为之，长大（'大'应为'尺'）四寸，有八（'八'应为'六'）孔。前有一孔，后有四孔，头有一孔。"贾逵注引古本《广雅》尚有"一孔上出"一句。又《楚辞集注·东君注》："篴，以竹为之，长尺四寸，围三寸，一孔上出，横吹之。"汉蔡邕《月令章句》："篴，竹也，六孔，有距，横吹之。"《太平御览》引《五经要义》："篴以竹为之，六孔，有底。"《尔雅·释乐》郭璞注："篴以竹为之，长尺四寸，围三寸，一孔上出，寸三分，名翘，横吹之。小者尺二寸。"这些记载都说汉时篴有大小两种。大者长一尺四寸，围三寸，六孔，一孔上出，横吹之，有底。小者，长一尺二寸，其他形制与大者完全相同。大篴约长 32.3 厘米，小篴约长 27.7 厘米。曾侯乙墓出土大小两器，除长度与汉篴略有出入外，其他形制均与汉篴相同。因此，两器应称为"篴"。

据长沙杨家湾汉墓作乐木俑与山东南武阳东阙汉元和三年（86 年）至章和元年（87 年）画像石中的演奏图来看，奏篴时可能双手掌心向里，篴身放在大指与食指之间，吹孔与出音孔向上，左手食、中、名指按 1、2、3 孔，右手中、食指按 4、5 两孔。

篴在周代已广泛应用，《诗经》中即有"伯氏吹埙，仲氏吹篴"的叙述。战国之世，篴经常与编钟、编磬、箫（排箫）、笙、竽、鼓、瑟等乐器在祭神或宴享时演奏。从曾侯乙墓中室出土的钟鼓乐队来看，编钟和篴都是乐队中的主

要旋律乐器。其中编钟的性能最佳，其中部音区具备十二个半音，能演奏五声音阶、六声音阶、七声音阶或带有多个变化音的乐曲，并能奏出简单的和声。而篪却只能演奏五声及带有一个变化音的乐曲，最多能转上下五度调，在转调的情况下才能分别奏出"fa""si"两音。《左传·昭公二十五年》曾经指出："为九歌、八风、七音、六律，以奉五声。"因此，这个乐队客观上虽然具备较高的水平，而在实际使用时可能仍以演奏五声音阶的乐曲为主，而且转调手法也不会太复杂。

曾侯乙墓出土的大小两篪，与后世横吹的"笛"颇为相似，故历来也有人把篪与笛说成是同一乐器。如《乐纂》云："横笛，小篪也。"实际上，两者还是有区别的。

笛，古时作"篴"，实即笛的古体字。据《周礼》记载，篴西周时已经存在。近年在湖南长沙马王堆三号汉墓（前168）东边箱57号漆方盇内，发现了两支横吹竹制单管乐器。据墓内记有殉葬品账目的竹简上，写有"篴"的字样，知两器即古代的笛。一笛长24.7厘米，一笛长21.2厘米。两笛形制相同，均由不髹漆的竹管制成。首端利用竹节横隔封死，距首端0.7厘米的管身一侧，开有长方形吹孔，尾端系开口的断竹。距首端10厘米处，依次有六个大小不一的按音孔。按音孔周围削成一个平面。距吹孔最近的第一孔背面有一小孔，用途不明。吹孔与按音孔，成直角。

汉应劭《风俗通义》云："笛，长一尺四寸，七孔。"马王堆出土汉笛，也有七孔，尾端也系开口的"断竹"，均与汉人记载相合。因此，当是笛无疑。

由此可见，篪与笛两者在形制与性能上均有明显差别：篪闭口，笛开口；篪全身髹漆，笛不髹漆；篪六孔，笛七孔；篪能奏五声加一变化音，笛能奏七声加两个变化音。

延伸阅读　战国时期的折叠床

折叠床于 1986 年在湖北省荆门市十里铺镇王场村包山 2 号楚墓出土。拼合后通高 38.4 厘米，长 220.8 厘米，宽 135.6 厘米。其中床栏高 14.8 厘米，床屉高 23.6 厘米。两边床栏中间留出 57.6 厘米的缺口以供上下，缺口两边栏杆均呈台阶状收缩。折叠后床架长 137 厘米，宽 15 厘米。木质。整床由床身、床栏和床屉三部分构成。每半边床身分别由床档、床枋、档枋连绞木、横栿组成。中横栿由两根形制完全相同的木枋勾连组成。床栏由横栏、竖栏和加固栏的竹片和木质立柱构成。竹棍穿连四排横栏，构成方格形床栏。床身中部不设床栏。床屉木质，高 18 厘米。由立柱和足座构成。足座均用长方形条木做成，上留透穿圆卯眼，便于立柱榫接。该床通体髹黑漆。该床的折叠方法是：先略向上提起安卯孔之中横栿，使钩状栓钉脱出，将两方框分开，并取下中横栿和其他横栿，然后将短连枋铰一端床枋先行内折，靠拢床档，再另将一侧床枋内折，靠拢另一侧床枋即折叠完毕。此床同墓出土的遣策记为"床"。它是我国目前发现最早的折叠床。